共生社会の時代の特別支援教育
第3巻

連携と
コンサルテーション
多様な子供を多様な人材で支援する

編集代表 柘植雅義　編著 大石幸二・鎌塚優子・滝川国芳

ぎょうせい

シリーズ刊行に当たって

　平成13（2001）年から、新たな特別支援教育に向けた助走が始まり、発達障害のある子供への本格的な教育を含めた制度改正などを経て、16年が経過して現在に至っている。この間、特別支援教育の充実発展が着実になされたが、ここに来て新たな動きが出てきた。それは、国連の障害者権利条約であり、インクルーシブ教育、合理的配慮、ユニバーサルデザインなどが明記されたことであり、それを踏まえて、日本では、障害者差別解消法が平成28（2016）年4月に施行された。これにより、いよいよ共生社会（内閣府）の実現が現実的なものとなり、それに向けた特別支援教育のさらなる充実発展が急務となってきた。

　このような時期において、「共生社会の時代の特別支援教育」あるいは「インクルーシブな教育と社会の時代の特別支援教育」を展望し、関連する事項の基本的な考えや方法を整理し、先進的な取組を紹介することは、タイムリーであると考えた。

　本シリーズの企画に当たり、特別支援教育を取り巻く近年のキーワードとして、以下の10点に注目した。

　○共生社会
　○国連障害者権利条約
　○合理的配慮
　○ユニバーサルデザイン／インクルーシブデザイン
　○インクルーシブ教育／インクルーシブ教育システムの構築
　○発達障害／発達障害者支援法（改正）
　○障害者差別解消法
　○社会的障壁
　○障害のある子とない子が共に学ぶ／「交流及び共同学習」
　○エビデンス（根拠）に基づく実践と政策／十分な教育の提供

そして、以上のような状況を踏まえ、本書の基本コンセプトを、特別支援教育を漏れなく全般的に扱うのではなく、下記のような五つの視点から重点的に構成することにした。
　○幼稚園・小学校・中学校・高等学校での指導・支援・合理的配慮
　○知的障害のない発達障害、知的障害
　○障害のない子供への教育
　○幼稚園・小学校・中学校・高等学校と特別支援学校の連携
　○障害の確かな理解啓発
　このような趣旨のもと、第1巻は、「新しい特別支援教育——インクルーシブ教育の今とこれから——」、第2巻は、「学びを保障する指導と支援——すべての子供に配慮した学習指導——」、第3巻は、「連携とコンサルテーション——多様な子供を多様な人材で支援する——」とした。そして、各分野の第一線で活躍する研究者と実践者が執筆に関わった。
　本書の読者層としては、まずは、幼稚園・小学校・中学校・高等学校の、通常学級担当、通級による指導担当、特別支援学級担当、特別支援教育コーディネーター、養護教諭、管理職などを想定した。また、特別支援学校においてセンター的機能などによる地域支援の担当者や、「交流及び共同学習」の推進担当者らを想定した。さらに、市区町村、指定都市、都道府県における特別支援教育の推進に当たる教育委員会・教育センターの指導主事などを想定した。
　最後に、「共生社会の時代の特別支援教育」が全国各地で遍く推進され、やがて、障害があるとかないとかではなく、すべての子供たちが共に学び共に学校生活を送っていける豊かな教育の実現に向けた取組の一助に、本書が少しでも貢献できれば幸いである。

シリーズ編集代表
筑波大学　柘植雅義

目　　次

第1章　インクルーシブ教育と教育相談・コンサルテーション

1　多様な人材の確保、チームアプローチ　2
2　機関間の連携の意義　3
3　保護者との連携の意義　4
4　つなぐツールとしての「個別の指導計画」と「個別の教育支援計画」　5
5　コンサルテーションという手法　8

第2章　子供の多様性と保護者との連携

1　子供の多様性の実態　12
　（1）健康問題の多様化　13
　（2）子供の生活環境の多様化　15
2　保護者との連携の留意点　17
　（1）保護者の子供に対する思いと願いを理解　17
　（2）必要な情報を提供　17
　（3）保護者に対して課題を提案する際の留意点　17
　（4）保護者を取り巻くサポートネットワークの構築　18
　（5）専門職としての資質向上：自己理解と研鑽　18
　（6）専門職間の連携・協働の留意点　19
　（7）進級時の保護者との面談時間の確保　20

第3章　これからの教育相談

1　一人一人の援助ニーズに応じる教育相談　22
　　（1）担任が行う学級の児童生徒を対象とする教育相談　23
　　（2）学校全体で行う教育相談　24
2　今日の教育相談的課題　25
　　（1）いじめへの対応　25
　　（2）外国と関連のある児童生徒への支援　27
3　これからの教育相談　29
　　（1）多様な子どもの援助ニーズに応じるチームによる教育相談　29
　　（2）エビデンスに基づく教育相談　31

第4章　これからの生徒指導

1　「不登校児童生徒への支援に関する最終報告」に見る今後の不登校対応のポイント　34
　　（1）「チーム支援」　34
　　（2）不登校は子供の教育保障権利の喪失　34
　　（3）四つの支援原則　35
2　今後の不登校支援における重点方策　37
3　報告書の課題と先進例の紹介
　　――コンプライアンスと科学的アプローチによる連携支援へ――　38
　　（1）コンプライアンス（法令遵守）　38
　　（2）科学的アプローチ――行動論による支援シートのソフト化――　39

第5章　これからのコンサルテーション

1　学校コンサルテーション実践の必要性　44
2　学校コンサルテーションの特徴と効果　45
3　行動コンサルテーションのアプローチ　46
4　学校コンサルテーション実践の将来の方向性　47
5　学校コンサルタントの養成と研修　48

第6章　カウンセリング・マインドで取り組む学級経営

1　学級経営における児童生徒の行動の予測と制御　52
2　学級における集団随伴性の適用　53
3　カウンセリング・マインドの観点から見た学級経営　54
4　学級経営に関する今後の方向性　57

第7章　保護者との信頼関係を築く相談活動（養護教諭の役割）

1　子供の心と体の情報センターとしての役割
　　　──養護教諭の職務の特性と保健室の機能──　60
2　保護者との信頼関係を築く養護教諭の相談活動　62
　　（1）「気付き」の専門家としての役割　62
　　（2）保護者の気持ちの通訳、代弁者としての役割　62
　　（3）子供や保護者の思いをつなげていく役割　65
　　（4）学校内外の人や機関のパイプ役としての存在　66

v

第8章　福祉・医療と教育の連携

1 障害者施策と福祉制度・教育制度の変遷　68
2 就学支援における連携　69
3 学校での個別の教育支援計画の作成と活用における連携　70
4 発達障害児童生徒への対応における連携　71
5 小児慢性特定疾病児童等自立支援事業における連携　72
6 小児在宅医療と医療的ケアにおける連携　74
7 障害児入所支援における連携　75

第9章　実　践　編

事例1　幼稚園におけるコンサルテーションの実際

1 地域における連携とコンサルテーションの背景　78
2 新米コーディネーターとしての私　79
3 幼稚園における行動観察とコンサルテーションの流れ　79
4 新米コーディネーターが経験したコンサルテーションのエピソード　81
　（1）エピソード①：「一方的な情報提供」　81
　（2）エピソード②：「先生の本音への共感」　82
　（3）エピソード③：「相互に気付きや学びのあるコンサルテーション」　83
5 幼稚園におけるコンサルテーションで大切にしていること　84

事例2 小学校におけるコンサルテーションの実際

1 小学校へのコンサルテーションの基本的視点　86
2 実践例（小学校1年生通常の学級担任へのコンサルテーション）　87
　　（1）コンサルタント　87
　　（2）コンサルティ　87
　　（3）学級全体の児童及び対象児　88
　　（4）計　画　88
　　（5）コンサルテーション（5回）の概要　89
　　（6）コンサルティの変容　92
　　（7）児童の変容　93
　　（8）考　察　94

事例3 中学校におけるコンサルテーションの実際

1 中学校生徒の支援をめぐるコンサルテーションの基本的視点　96
2 コンサルテーションの実践事例
　──公立中学校に在籍する1年生男子への支援──　98
　　（1）本事例におけるコンサルタントの位置付け　99
　　（2）コンサルテーションの実践　100
　　（3）対象生徒の見立てと支援方針の決定　101
　　（4）支援の実践　102
　　（5）支援の成果　103
　　（6）まとめ　104

事例4　高等学校におけるコンサルテーションの実際

1　高等学校におけるコンサルテーションに必要な視点　105
　　（1）高等学校における特別支援教育の推進　105
　　（2）高等学校の支援資源　105
2　高等学校におけるコンサルテーションの事例　106
　　（1）実践校の概要　106
　　（2）実践校の校内支援体制　107
　　（3）コンサルテーションによる相談の変化　108
3　コンサルテーションによる支援事例　110
　　（1）事例の概要　110
　　（2）コンサルテーション過程と支援計画　110
　　（3）生徒の変化　113
4　高等学校におけるコンサルテーションの今後　114

事例5　スクールカウンセラーとの連携

1　これからのスクールカウンセラーの役割　115
2　スクールカウンセラーとの連携の在り方　116
　　（1）児童生徒、保護者へのカウンセリング（面接）　116
　　（2）教職員へのコンサルテーション　117
　　（3）児童生徒の行動観察による見立ての補助　118
　　（4）校内体制・他機関との連携　119
3　スクールカウンセラーの立場から実践例の紹介　120
　　（1）発達障害が疑われる児童に対する校内連携による支援　121
　　（2）登校渋りを示す児童に対する家庭支援と他機関連携

　　　　　　による支援　122

事例6　スクールソーシャルワーカーや小児慢性特定疾病児童等自立支援員との連携

1　スクールソーシャルワーカーについて　125
2　小児慢性特定疾病児童等自立支援員について　127
　　（1）小慢自立支援事業　128
　　（2）小慢自立支援員　129
　　（3）小慢自立支援員による支援の事例　130
　　（4）学校関連への支援について　132

事例7　特別支援教育と連携した生徒指導──高等学校での取組──

1　高校の概要と生徒の実態　135
2　支援体制と具体的取組　135
　　（1）一次的支援と具体策　136
　　（2）二次的支援　137
　　（3）三次的支援　138
3　困りを抱えた生徒の問題点と今後の課題　138
4　DORIサポート倶楽部の取組　140
　　（1）発足の経緯と目的　140
　　（2）活動の様子　140
5　生徒の目指すもの──地域連携の在り方と可能性──　141
　　（1）目指す方向性　141
　　（2）社会に開かれた教育課程と実践例　142
　　（3）キャリア教育への可能性　144

6　多様な学びのニーズに応える教育を目指して　144

事例8　　保護者との信頼関係を築く相談活動

　1　保護者と「信頼関係を築く」ということ　146
　　　　（1）Aさんの事例：「学校の指導に問題はないのですか？」　146
　　　　（2）B君の事例：「大丈夫です」を繰り返す母親　147
　　　　（3）二つの事例から考えられること　148
　　　　（4）Aさんのその後　149
　　　　（5）B君のその後　150
　2　「信頼関係を築く」相談活動とは　152

事例9　　合理的配慮に関する保護者との合意形成

　1　保護者との合意形成のポイント　155
　　　　（1）基本的な考え方　155
　　　　（2）インクルDBにみる保護者との合意形成のポイント　157
　2　気分障害のある特別支援学校（病弱）在籍生徒の事例　158
　　　　（1）事例の概要　159
　　　　（2）考　察　161
　3　保護者との向き合い方を内省できる教師に　162

事例10　　外部の専門家との連携と養護教諭の役割

　1　養護教諭による支援ニーズの気付き　164

2 精神疾患の背景にあるもの——精神疾患と発達障害—— 165
3 総合的に判断するための情報源 165
    （1）保健基礎調査票・健康問診表 166
    （2）学校生活サポートテスト（SLST） 166
    （3）保健室来室状況——来室記録から見える支援ニーズ—— 167
4 生徒の情報を総合的に把握し、組織的な対応へつなげる 167
5 SCとの協働・連携を円滑にする取組 168
    （1）担任とSCをつなぐ
        ——学校生活サポートテストを活用して—— 168
    （2）生徒とSCをつなぐ
        ——「SCとの出会いの場」としての保健室—— 169
    （3）保護者とSCをつなぐ 169
    （4）SCとの連携・協働 169
6 SC以外の外部の専門家との連携 170
    （1）医療機関などとの連携 170
    （2）教員研修 170
    （3）授業での予防的な取組——メンタルヘルスリテラシー教育—— 171
7 生徒への障害理解啓発の取組——「ともにいきる」講座—— 172
8 養護教諭だからできること 174

事例11　外部の専門家との連携と養護教諭

1 特別支援教育の推進における養護教諭の役割 175
2 外部の専門家との連携における養護教諭の役割 177
3 外部の専門家と連携した事例 178
    （1）精神科校医により定期的なコンサルテーションを受けた事例 178
    （2）大学教員、専門医と連携した事例 180

事例 12　早期発見と早期支援（医療との連携）

1　**連携に当たって**　184
2　**療育でできること**　185
　　（1）療育の流れ　185
　　（2）療育でできること　186
　　（3）医療でできること　187
3　**連携の実際**　188
　　（1）保護者の気持ちを考える　188
　　（2）受診の勧め方　189
　　（3）情報伝達のポイント　190
　　（4）個人情報の扱いと支援のゴールについて　190
　　（5）薬物療法に関して　191
4　**事例提示**　192
　　（1）自閉症に知的障害を合併したケース　192
　　（2）学習不振を主訴に来所したケース　193
　　（3）のちに虐待が判明したケース　193
　　（4）不登校を経験したケース　194

事例 13　放課後等デイと学校等との連携

1　**教育と福祉の連携の重要性**　195
2　**放課後等デイサービスの現状**　195
　　（1）デイの利用者数・事業所数の急増　195
　　（2）デイの活動の実際　197
　　（3）デイと学校の個別の支援計画　198

3 学校とデイの連携　199

（1）連携に関する国の施策　199

（2）学校とデイの連携の実際　200

事例14　児童発達支援と幼・保・学校等の連携

1 児童発達支援について　203

（1）障害者自立支援法の改正と障害児　203

（2）児童発達支援センター及び児童発達支援事業について　204

（3）福祉と教育等との連携について　205

2 放課後等デイサービスについて　207

3 事　例　209

執筆者一覧

第 1 章

インクルーシブ教育と教育相談・コンサルテーション

筑波大学 教授
柘植雅義

はじめに

『共生社会の時代の特別支援教育』と題する本シリーズ全3巻の第3巻は、「連携とコンサルテーション——多様な子供を多様な人材で支援する——」と題して、インクルーシブ教育の時代における連携とコンサルテーションについて、多様な子供たちを多様な人材でいかに支援していくかという視点から整理し、これからの取組課題を論じる。そして、実践編では、連携とコンサルテーションに関連する実践事例を紹介する。

第3巻に深く関わるキーワードは、関係機関との連携、福祉、労働、医療、放課後デイサービス、保護者との連携、コンサルテーション、カウンセリング、不登校、いじめ、外国籍、日本語支援、教育相談、信頼、連携、個別支援計画、特別支援学校のセンター的機能、分校・分教室、他、であろう。

そこで、まずこの第1章では、インクルーシブ教育と教育相談・コンサルテーションについて概観する。

1 多様な人材の確保、チームアプローチ

■多様な子供を多様な人材で支援する

近年、子供の多様性に注目が集まっている。障害の他にも、不登校、いじめ、虐待、貧困、LGBT、外国籍、言語などが折り合いながら、現代の学校や社会の多様性を形成している。

一方、支援を提供する側の多様性にも注目したい。学校では、教師の専門性の違いやその深さの違い、授業での指導能力の差、他の教員への支援力の差、保護者との連携の在り方のよさ拙さ、関係機関との連携のよさ拙さなど。このような職業上求められる資質・能力の差の他に、先の子供と同じように、教師に何らかの障害がある場合など、種々の多様性を形成している。

このようなことから、チームによる支援が期待されている。教員が1人で取り組むこと、他の教員や他の専門職の人々と共に取り組むこと、他の教員や他の専門職から支援をもらいながら取り組むこと、他の人材に託すこと、など様々である。

例えば、幼稚園、小学校、中学校、高等学校に置かれている、特別支援教育に関する校内委員会では、子供の実態把握、それに基づく対応策の検討、個別の指導計画の作成、個別の教育支援計画の作成、進捗状況のフォローなどを委員会のメンバーで行う。つまり、担任の教師1人に負担を負わせない仕組みである。

学習指導要領総則（平成29〔2017〕年3月改訂）には、「障害のある児童などについては、家庭、地域及び医療や福祉、保健、労働等の業務を行う関係機関との連携を図り、長期的な視点で児童への教育的支援を行うために、個別の教育支援計画を作成し活用することに努める」という記載があり、関係機関との連携の必要性を述べている。

2 機関間の連携の意義

障害のある子供は、教育、福祉、医療、労働等、様々な分野に関わり、それぞれから種々の支援を受けている。

教育という視点から子供の移行期を見ると、家庭から幼稚園、幼稚園から小学校、小学校から中学校、中学校から高等学校、高等学校から大学、そして高等学校や大学等から就労・社会と移行が継続する。それは何と20年ほどにわたる。なお、就学前では、幼稚園の他、保育所や認定こども園という選択肢があり、併せて療育センター等の利用も可能である。また、例えば下校後に放課後等デイサービスを受けていると、単に学校間の移行に留まらない。そしてその際、教育、福祉、医療、労働等様々な関係機関の密接な連携が必要となる。こうして、現在では移行期支援は多様化・複雑化し、包括的支援が必要となってきている。

機関連携の重要な意義としては、複雑に絡み合う多様なニーズ（分野を跨るニーズも）に対応するため（より複雑なニーズに対応するために）、より高度で専門的な指導・支援を行うため、指導・支援の一貫性と継続性のため、などがある。

　近年になって、急増している、放課後等デイサービスと児童発達支援と、学校との適切な連携が欠かせない。いずれも、厚生労働省がガイドラインを作成し公表している。その中には、幼稚園や学校等との適切な連携の重要性が記載されている。

3　保護者との連携の意義

　近年、学校や教師と保護者との連携の重要性が叫ばれている。
　平成28（2016）年4月に施行された障害者差別解消法に基づく「障害を理由とする差別の解消の推進に関する基本方針」では、「意思の表明」について以下のような記載があり、本人からの意思の表明に加えて、家族が本人を補佐して行う意思の表明も含まれていることに注意したい。

　ウ　意思の表明に当たっては、具体的場面において、社会的障壁の除去に関する配慮を必要としている状況にあることを言語（手話を含む。）のほか、点字、拡大文字、筆談、実物の提示や身振りサイン等による合図、触覚による意思伝達など、障害者が他人とコミュニケーションを図る際に必要な手段（通訳を介するものを含む。）により伝えられる。
　また、障害者からの意思表明のみでなく、知的障害や精神障害（発達障害を含む。）等により本人の意思表明が困難な場合には、障害者の家族、介助者等、コミュニケーションを支援する者が本人を補佐して行う意思の表明も含む。
　なお、意思の表明が困難な障害者が、家族、介助者等を伴っていない場合など、意思の表明がない場合であっても、当該障害者が社会的障壁の除去を必要としていることが明白である場合には、法の趣旨に鑑みれ

ば、当該障害者に対して適切と思われる配慮を提案するために建設的対話を働きかけるなど、自主的な取組に努めることが望ましい。

　また、例えば、就学先の決定など、合理的配慮の提供の必要性や内容などについては、適切な「合意形成」が大切とされていることにも注意したい。
　さらに、今回の学習指導要領等の改訂により、今後、幼稚園や、小学校、中学校、高等学校において個別の指導計画や個別の教育支援計画の作成が進むことになる。そして、それらの作成に当たっては、子供の実態把握や、ねらい（目標）の設定、指導・支援の手立ての検討などにおいて、保護者との連携は、ますます重要になっていくだろう。また、そうなることで、より一層、信頼性の高い、効果の期待できる、満足感の高いものとなっていくことだろう。

4　つなぐツールとしての「個別の指導計画」と「個別の教育支援計画」

　学校において教師が、その子供の指導・支援に当たるのは、基本的には1年間のみであり、その後、次の教師にバトンを引き継いでいく。ずっと生涯にわたって1人の教師がその子供の指導・支援に当たることはない。

■「個別の指導計画」

　「個別の指導計画は、個々の児童の実態に応じて適切な指導を行うために学校で作成されるものである。個別の指導計画は、教育課程を具体化し、障害のある児童など一人一人の指導目標、指導内容及び指導方法を明確にして、きめ細やかに指導するために作成するものである」（「小学校学習指導要領解説　総則」）。

■「個別の教育支援計画」

 「平成15年度から実施された障害者基本計画においては、教育、医療、福祉、労働等の関係機関が連携・協力を図り、障害のある児童の生涯にわたる継続的な支援体制を整え、それぞれの年代における児童の望ましい成長を促すため、個別の支援計画を作成することが示された。この個別の支援計画のうち、幼児児童生徒に対して、教育機関が中心となって作成するものを、個別の教育支援計画という」(「小学校学習指導要領解説　総則」)。

 このように、平成15 (2003) 年度から実施された障害者基本計画において、教育、医療、福祉、労働等の関係機関が連携・協力を図り、障害のある児童の生涯にわたる継続的な支援体制を整え、各年代における児童の望ましい成長を促すため、個別の支援計画を作成することが示された。この個別の支援計画のうち、教育機関が中心となって作成するものが、個別の教育支援計画である。

 障害のある幼児児童生徒は、学校生活だけでなく家庭生活や地域での生活を含め、長期的な視点で幼児期から学校卒業後までの一貫した支援を行うことが重要である。このため、教育関係者のみならず、家庭や医療、福祉などの関係機関と連携するため、それぞれの側面からの取組を示した個別の教育支援計画を作成し活用していくことが重要である。

 そして、個別の教育支援計画を活用する際には、就学前に作成される個別の支援計画を引き継ぎ、適切な支援の目的や教育的支援の内容を設定したり、さらには、進路先に在学中の支援の目的や教育的支援の内容を伝えたりするなど、就学前から就学時、そして進学先まで、切れ目ない支援に活用することが重要である。その際、本人や保護者の同意を事前に得るなどして、個人情報の適切な取扱いに注意する必要がある。

 なお、「個別の指導計画」については、第2巻の第1章で詳しく解説する。

■法的根拠

　法令上では、発達障害者支援法（平成28年6月改正）の（教育）第8条において、

> 　国及び地方公共団体は、発達障害児（18歳以上の発達障害者であって高等学校、中等教育学校及び特別支援学校並びに専修学校の高等課程に在学する者を含む。以下この項において同じ。）が、その年齢及び能力に応じ、かつ、その特性を踏まえた十分な教育を受けられるようにするため、可能な限り発達障害児が発達障害児でない児童と共に教育を受けられるよう配慮しつつ、適切な教育的支援を行うこと、個別の教育支援計画の作成（教育に関する業務を行う関係機関と医療、保健、福祉、労働等に関する業務を行う関係機関及び民間団体との連携の下に行う個別の長期的な支援に関する計画の作成をいう。）及び個別の指導に関する計画の作成の推進、いじめの防止等のための対策の推進その他の支援体制の整備を行うことその他必要な措置を講じるものとする。

とされた。
　また、小学校・中学校の学習指導要領改訂（平成29年3月）では、総則の解説において、以下のとおり明記された（引用は小学）。

> 　特別支援学級に在籍する児童や通級による指導を受ける児童に対する二つの計画の作成と活用について、これまでの実績を踏まえ、全員について作成することとした。
> 　また、通常の学級においては障害のある児童などが在籍している。このため、通級による指導を受けていない障害のある児童などの指導に当たっては、個別の教育支援計画及び個別の指導計画を作成し、活用に努めることとした。

5　コンサルテーションという手法

「教育者」は、他者から様々な支援を受けながら、教育活動を行っている。初任教員には指導教員が割り当てられ、授業の準備や授業の仕方、学級経営の仕方から、子供との接し方など、教師としての基礎基本を長期にわたり学んでいく。また、いかなる教員も担当する児童生徒の健康上の問題などで養護教諭から様々な支援を受けている。その養護教諭も、場合によっては、医療関係者や心理関係者などからより専門的な支援を受けている。そもそも、学校では、校長は、校内のすべての児童生徒の確かな学びと健やかな成長を進めるために、部下であるすべての教師が少しでも「よい授業」「質の高い授業」を行うよう様々な支援を学校経営上の工夫などを通じて行っている。そして、そのような管理職も、教育委員会から様々な支援を受けている。

■コンサルテーション（コンサルティング）

　コンサルテーションを受けるコンサルティーの、（教師としての）職業上、役割上の課題に焦点を当てて、コンサルティーの抱える課題の解決に向けた援助活動をする。

　例えば、授業でのクラス全員への指導の在り方（皆の集中力が向上するように、学級崩壊にならないように、など）に関する課題や、クラスにいる発達障害のある子供への指導の在り方（文字の習得が進むように、他の子とペアで実験に取り組むように、……など）に関する課題など、教室内外の教育活動の全般に関わる。

　なお、コンサルテーションによって、コンサルティー（教師）によるクライエント（子供）への対応の変容を期待するが、コンサルタントは、コンサルティーを飛び越えて、直接クライエントに対応することはない。その意味で、コンサルテーションは、間接援助であると言える。

したがって、カウンセリング（例えば、発達障害の子へのいじめが学級内である場合の種々の情緒的、精神的な問題に係る支援）や、知識や技術の伝授（教師の業務の中で最も重要なものが授業であることから、指導法などに係る知識や技術の伝授は重要である。ここでは、「伝授」であるが、具体的な状況に応じた問題解決への支援となれば、コンサルティングとなる）、あるいは、情報提供（法律、教育学、心理学、医学、薬物療法、福祉制度などの最新の動向に関する情報の提供、近隣の学校の優れた取組に関する情報の提供、校内の別の教師の優れた授業の仕方の情報の提供など、多岐にわたる）とは異なる。

校内の他の「教育者」が「教育者」を支援する場合としては、校内の特別支援教育コーディネーターによる支援、通常学級における授業コンサルテーション、「個別の指導計画」などの作成と運用を支援する、などが考えられる。一方、校外の専門家が「教育者」を支援する場合としては、校外の専門家による授業コンサルテーション、通常学級の授業研究会へのコンサルテーション、校外の専門家による個別の指導計画の改善への支援、特別支援教育に関する学校内評価システムを活用した支援、などが考えられる。

近年では、特別支援教育コーディネーターが、校内外での教師へのコンサルテーションを担う場合も多いだろう。全国の学校や幼稚園で、特別支援教育コーディネーターの指名が始まった頃は、その役割は、発達障害をはじめとする知識や技能の提供、学校における保護者の相談の窓口など限られたものだったが、他の教師の授業コンサルテーションや、学級経営に対するコンサルテーションなど、その期待される役割が変わってきている。

さらに、近年では、教師が、保護者へのコンサルテーションを行う場合も見られる。基本的には、教師から教師へのコンサルテーションで述べた基本的な考えや方法と同様だが、家庭や地域などで、保護者による子供への対応上の課題について援助を求められるのであって、教師間に

はない特別な配慮も必要となるだろう。

【参考文献】
柘植雅義（2010）「V発達障害にどう向き合うか：5　教育者を支援する」『臨床心理学』増刊号：発達障害の理解と支援を考える
柘植雅義（2015）「巻頭随筆：発達障害者の移行期を支援するということ」（特集：発達障害者の移行期支援の課題—発達障害者支援法施行から10年を迎えて—）『教育と医学』749、pp.2-3
柘植雅義（2013）『特別支援教育—多様なニーズへの挑戦—』（中公新書）中央公論新社
柘植雅義・緒方明子・佐藤克敏監訳（2012）『アメリカにおけるIEP（個別の教育プログラム）—障害のある子ども・親・学校・行政をつなぐツール—』中央法規．(Peter Wright, Pam Wright, and Sue O'Connor (2010) All About IEPs – Answers to Frequently Asked Questions About IEPs-. Harbor House Law Press, Virginia, USA)

第2章

子供の多様性と保護者との連携

静岡大学 教授
鎌塚優子

1　子供の多様性の実態

　現在、我が国の子供を取り巻く環境は速いスピードで常に変化し続けている。情報化、グローバル化等による社会構造、雇用形態等の変化によって、様々な文化、価値観、生活様式、家族形態、経済的背景を持つ子供が増加している。特に、学校教育においては、外国籍の子供や日本国籍でありながら帰国子女等日本語が上手く話せない子供の増加、子供の貧困率問題への支援など、多くの課題が山積されている。そのような中、インクルーシブ教育の進展により、障害、疾患等多様な特性、様々な困難感を持つ子供たちに対して、それぞれ個に合った教育、支援等を行っていくことが求められている。

　多様な価値を理解し、子供や保護者の支援を行っていくためには、支援者側に、知識のみならず広い視野と見識、人権に対する深い理解が求められる。しかしながら、文化一つをとっても、道徳、信仰、習慣、法律、知識、言語などその多様性を理解することは容易なことではない。そして障害特性や様々な疾患の理解とそれに対する対応には高い専門性が必要とされる場合も少なくない。また、多様性を理解する上で、特に配慮しなくてはならないのは、社会的に少数派の立場に置かれている子供とその家族への理解である。少数派というのは常に流動的である。したがって我々は常に、少数派に対して意識し続けることが重要なのである。つまり、支援者は社会の動きや、新しい知見、子供の実態を把握し、その実態に対して理解を深めようとする真摯に学び続ける姿勢がなくてはならない。そして、そのような子供たちの心に寄り添った支援を行っていくためには、保護者との良好な関係を築いていくための専門力と感性を磨くことが不可欠である。

　本稿では、現在抱える子供たちの多様な問題について、健康問題及び生活環境など現代的課題に焦点を当て、保護者との連携の在り方につい

て述べる。

（1）健康問題の多様化

　近年、子供たちの心身の健康課題は多岐にわたり深刻化、複雑化している。子供たちの心身の状態は刻々と変化してきており、学校は、これまで経験してこなかった課題に随時直面するといった状況が生まれている。すべての教職員が丁寧にその実態を捉え、個々の課題に配慮した環境調整を行わなくてはならない。なぜならば、健康問題を抱えた子供たちは、自身が抱える問題によって、通常の学校生活のシステムや環境では、生活しにくさを感じていたり学習意欲を持ちにくかったりして、配慮がなければ何らかの困難さを抱える可能性が高いからである。特に近年注目すべき、子供たちの現代的健康課題について以下、言及する。

　現在、アレルギー性疾患を持つ子供の増加が顕著であり、学校はその対応や事故防止のための研修やシミュレーショントレーニングなど危機管理体制の構築が求められている。平成28年版子供・若者白書（内閣府）によると、特に1990年代から急速に喘息児が増加している。また平成27（2015）年に行われた調査では肥満傾向児が前回調査（平成18〔2006〕年に実施）と比較し減少しつつあるものの痩身傾向児は増加しているという結果が報告されている。心の問題については、小、中、高等学校における学校内の暴力行為の発生件数は依然として多く、その大半は中学生が占めている。特に2005年から小学校での暴力行為が増加し続けている。小学生、中学生の不登校は、平成25（2013）年、26（2014）年と2年連続増加しており、その不登校になったきかっけとしては、「情緒的混乱・不安」が大半を占めている。また、家庭内暴力は平成22（2010）年から急速に増加している。特に注目すべき点としては、若年層の自殺である。平成27（2015）年厚生労働省の統計によれば、我が国の15歳から34歳の若年層の死因の第1位は自殺である。他の諸国と比較すると若年層の死因の第1位が自殺となっているのは、日本と韓国

のみである。様々な要因が考えられると思うが、統計的にはその理由の多くが「健康問題」「学校問題（学業不振、進路に関する悩み）」と報告されている。

　現在、これらの状況を踏まえ、学校は、子供の多様な健康問題に対する危機管理体制や予防教育が推進されている。しかし、重要なことは、ハード面の支援だけではなく、個々の子供が抱える考え方や思い等、その子供が、学校生活の中でどのような場面で「困り感」や生き辛さを感じているのか、その部分に着目し、それに対する必要な環境調整をどのように行っていけばよいのか、子供の心に寄り添った支援を考えることが大切である。また若年層の自殺の問題についても上記の理由は表面的なことであり、その背景にはもっと複雑に絡んだ要因が隠されていると推測される。そこには、社会が抱える新たな大きな問題が潜んでいる可能性も否定できない。深い孤独を抱えている子供のSOSにどう気付いていくのか、現在、文部科学省でも自殺防止マニュアルが作成されているが、表面化しにくい心の問題を抱える子供に対する支援の在り方について、さらに危機意識を持って取り組んでいく必要がある。

　また、近年、ようやくセクシュアルマイノリティに対する支援の在り方が注目されるようになってきた。文部科学省では、「性同一性障害に係る児童生徒に対するきめ細かな対応の実施等について」（平成27年4月30日児童生徒課長通知）の通知、及平成28（2016）年4月に、性同一性障害や性的指向・性自認に係る、児童生徒に対するきめ細かな対応等の実施について、教職員向けの資料が配布された。

　現在、子供たちの心身の健康問題は、以上に示した以外にも多岐にわたっており、子供の中にはいくつも重複して問題を抱えている子供も少なくない。そして、年々新たに考えなくてはならない多様な健康問題が増加し続けている。

（2）子供の生活環境の多様化

　現在、子供の家庭環境は二極化している。同じ学級においても、家庭環境が安定している家に育った子供と不適切な家庭教育の下で育った子供が存在している。多様な生活文化や価値観は、発達途上にある子供たちの集団生活を形成する上で様々な困難さを伴う。例えば、生活の価値観が異なることは、モラルや規律を教える上でも、お互いの価値観を融合させながら新たな価値を再構築していくための営みを充実させることが不可欠であり、多くの時間を必要とする。共生社会に向けての学級づくりは、子供たちの生活環境をしっかり捉えた上で、十分に議論された教育課程でなくてはならないだろう。

　本項では、子供の生活環境の多様化に潜む子供の貧困と虐待について触れる。

① 養育環境の多様化

　平成28（2016）年版「国民生活基礎調査の概況」（厚生労働省）によると、「単独世帯」「ひとり親世帯」が増加している。厚生労働省が行ったひとり親家庭等の現状について（平成27年4月20日）の報告では、25年間で、離婚母子が約20％ポイント増加、未婚の母が約4％ポイント増加している。これらのことからも我が国はここ20数年の間に家族形態が大きく変化しかつ多様化してきていることが伺える。

　家族形態一つをとっても、その詳細を見てみると核家族、拡大家族、ステップファミリー、三世代、再婚、社会的家族、同居体生活、ひとり親、養子、復婚など様々である。育った環境により子供たちは様々な影響を受けている。同じ世代の子供であっても、家族形態やその変化によって経験することも異なる。また発達途上にある子供は、環境や環境の変化によって情緒面や感性の育ちなど、様々な心理的影響も受けているため、深く子供を理解するためには養育環境の理解は不可欠である。

② 子供の貧困

　平成 20（2008）年 OECD 諸国 16 か国における子供の貧困率が公表され、日本は、そのほとんどが中流階級であると認識されていたため、この結果に驚いた者も少なくない。現在、日本の子供の相対的貧困率が 16.3％で、約 6 人に 1 人は貧困であるとされており、貧困率は上昇し続けている。特にひとり親世帯の貧困率が 54.6％であり、先進国の中でも最も悪い状況となっている。この結果を受けて、平成 25（2013）年 6 月「子どもの貧困対策の推進に関する法律」が成立し、現在、国家政策で子供の貧困対策に取り組んでいる状況である。

　小西[1]は子供の貧困の定義を次のように示している。「子どもが経済的困窮の状態におかれ、発達の諸段階におけるさまざまな機会が奪われた結果、人生全体に影響をもたらすほどの深刻な不利を負ってしまうことです」。つまり通常であれば、子供が様々な未来を考えることができるはずにもかかわらず、貧困であるがゆえに、様々な可能性を阻害してしまうということが起きている。また、貧困の問題だけではなく、慢性疾患や発達障害、また保護者が深刻な病気を抱えている場合や虐待など、いくつもの問題を抱えている子供も少なくない。

③ 被虐待児の増加

　厚生労働省が平成 28（2016）年 8 月 4 日発表した「平成 27 年度　児童相談所での児童虐待相談対応件数（速報値）」によると、平成 27（2015）年度中に、全国 208 か所の児童相談所が児童虐待相談として対応した件数は 10 万 3260 件となり過去最多の件数となっている。その特徴として、心理的虐待が増加（平成 26〔2014〕年度：3 万 8775 件→平成 27〔2015〕年度：4 万 8693 件、9918 件の増加）しており、その中でも、子供が同居する家庭における配偶者に対する暴力を見ていることが報告されている。日常的に暴力を目の当たりにしている子供の人格形成への影響を考えると深刻な問題である。

保護者との連携の留意点

　子供を支援するためには当然ながら保護者との連携が不可欠である。保護者との信頼関係を築くために以下七つの留意点について言及する。

（1）保護者の子供に対する思いと願いを理解

　保護者自身が自分の子供に対してどのような子供になってほしいと願っているのか、現在どのような思いで子育てをしているのかについて、保護者の考えを十分に聞く必要がある。一方的な押しつけや持論を展開するのではなく、保護者の立場になって支援することが大切である。保護者の思いを理解することで、子供に表面上現れている行動の意味について、理解が進み、支援方法が見えてくるからである。

（2）必要な情報の提供

　多様な背景を持つ様々な保護者に対応していくためには、広い視野と情報収集能力が必要である。どの機関、どの場所で、どのような人材や社会的資源があり、どのような支援を受けることができるのか、様々な角度から考え、適切かつ具体的なアドバイスができるような情報収集能力と、いつでも情報提供できるように資料を整理しておく必要がある。

（3）保護者に対して課題を提案する際の留意点

　保護者と信頼関係を構築していくために、最も重要なことは、保護者に対する「労いと共感」である。これまで、インクルーシブでない環境の中で生きにくさを感じている保護者にとって、非難や指摘は一瞬のうちに心を閉ざしてしまう要因となる。子供のことを最も理解しているのは保護者である。支援者側が保護者の捉え方に対して、時に視野が狭いと感じることはあっても、それはほとんどの場合、情報不足や子育ての

中での様々な苦労の結果、孤立感を持ちそのような状態に陥ってしまっていることがあることを理解しなくてはならない。特に社会的少数派に属する保護者は、これまで様々な場面で傷つけられたり、偏見や差別に見舞われたりするなどして、孤立している場合も少なくない。そのため、非難や指摘に対して過剰に敏感になってしまうことも多い。これまでの子育てのプロセスに対して想像力を働かせ、保護者の気持ちに寄り添うことが大切である。

（4）保護者を取り巻くサポートネットワークの構築

さらに、留意しなくてはならない点として、前述したように子供の多様性に潜む貧困や虐待など、現在、社会問題となっている深刻な生活環境に子供が置かれている場合は、上記に示した留意点では解決が進まないことが多い。保護者との信頼関係を築いていくためには、保護者と子供との関わり方の状況、状態によって異なってくる。なぜならば虐待が疑われる場合、子供に対する保護者の関わりが明らかに適切でない場合においては、ソーシャルワーカーや児童相談所など専門機関や専門家との連携が必要となる。また外国籍の子供など、保護者が日本語を話せない場合もあるため、県市町の国際交流室などの機関から情報を得るなど、支援のための様々な情報を収集することが重要である。このように複雑かつ深刻な事例については、教育、福祉、医療の連携・協働が不可欠であり、他職種、他機関と連携するための力量と感性が必要とされる。

（5）専門職としての資質向上：自己理解と研鑽

まず、第一に支援する側が謙虚に自己の資質を捉える必要がある。保護者は支援者がどのような人権感覚を持っているのか非常に敏感である。専門職としての資質向上と自己理解、そして日々研鑽を積むことが大切である。そのためには以下の五つの視点に留意し、支援者としての

力量を高めていく必要がある。
① 多様な価値、文化を理解する。
② 多くの価値に出会い、確かな人権感覚を醸成する。
③ 保護者が何に困っているのか、何を伝えたいのか、そのシグナルを捉える。
④ 社会の変化を捉える。
⑤ 自分の中にある偏見やこだわりがどこからくるのか自己分析を行う。

支援者側が自ら自分の生活の中で様々な価値に出会い、自己理解を深め、人権感覚を高めていくことが重要である。また、広い視野と情報収集のための能力、学び続ける姿勢が大切なのである。

(6) 専門職間の連携・協働の留意点

他職種連携には、専門分野によって聞き慣れない言葉や専門用語、物事の捉え方、見えている側面、支援の目標も異なってくるなど、まさに異文化との協働と言ってもいいだろう。石井[2]は「異文化コミュニケーションは単に国の違いだけを示しているだけでなく、同じ文化内に存在している少数派の人たちの文化、共文化（co-culture）も含まれる」とし、一つの例として医者と患者、教師と生徒などのような立場の違いなども異文化性であると述べている。多様な背景を持つ子供を支えるチームも、それぞれの立場や捉え方を尊重し役割分担を行うなど、インクルーシブの理念を意識したチームづくりを行っていく必要があるだろう。

様々な困難さを抱える子供たちの支援は、支援者が1人で抱えるのではなく、チームで対応することが必要である。文部科学省では、複雑、深刻化する状況を踏まえ、チーム学校を推進し、協働・連携・分担によって校内のみならず校外の様々な機関、専門職がチームで支援していくことを推奨している。保護者の信頼を得るためにはまずは、支援者側が連携の感性を磨くこと、「子供のために何ができるか、何をしなくてはな

らないか」使命感を持ち、良いチームを築き上げていくことが大切である。

（7）進級時の保護者との面談時間の確保

　学校は、子供の多様性に対応していくために、年々大変な状況に置かれていることは確かである。信頼関係を築くためには、保護者との対話の時間をどう作り上げていくことができるかが重要である。他職種連携によって保護者に合った方法で、信頼関係を築くための時間を捻出していくことが大切である。特に子供の様々な表れに対する心配や障害、疾患などを抱えている子供の保護者は、進学、進級時における不安が大きいため、確実に相談の時間を確保できるように、教育課程に位置付けておくことが大切である。

【参考文献】
内閣府：平成 28 年版子供・若者白書
文部科学省：平成 27 年度文部科学白書
厚生労働省：平成 27 年度　児童相談所での児童虐待相談対応件数（速報値）
　　http://www.mhlw.go.jp/stf/houdou/0000132381.html（2017/6/17 アクセス）

【引用文献】
1）小西祐馬（2016）「乳幼児期の貧困と保育　保育所の可能性を考える」秋田喜代美編『貧困と保育』かもがわ出版、pp.26-34
2）石井敏（2013）「第 1 章異文化コミュニケーションの基礎概念」『はじめて学ぶ異文化コミュニケーション　多文化共生と平和構築に向けて』有斐閣、pp.11-36

第 3 章

これからの教育相談

筑波大学 准教授
飯田順子

1　一人一人の援助ニーズに応じる教育相談

　教育相談は、「一人一人の生徒の教育上の問題について、本人又はその親などに、その望ましい在り方を助言することである。その方法としては、1対1の相談活動に限定することなく、全ての教員が生徒に接するあらゆる機会を捉え、あらゆる教育活動の実践の中に生かし、教育相談的な配慮をすることが大切である」と定義されている（文部科学省、2010、p.92）。教員が行う教育相談活動を大別すると、担任が行う学級の児童生徒を対象とする教育相談活動（直接的援助）と、学校全体の教育相談機能を高める組織としての活動がある。教育相談は、これまで現場の教員や学校の経験から創意工夫で行われてきたところがあるが、教員の中でそれを理論化・体系化する動き（大野、1997）もある。また米国のスクールサイコロジーや英国のエデュケーショナルサイコロジーと日本の従来の教育相談を融合して生まれた「学校心理学」の枠組みを用いた教育相談の実践も増えている（石隈、1999；横島、2009）。横島（2009）は、学校心理学に基づく実践を整理する箱として、図1の学校心理学のマトリックスを紹介している。一つの軸は、援助の段階からなる。一次的援助サービスとは、すべての子供を対象とした援助サービスであり、新入生に対するオリエンテーションや、分かりやすい

	学習面	心理・社会面	進路面	健康面
一次				
二次				
三次				

図1　学校心理学のマトリックス
　　（石隈、1999；横島、2009を参考に作成）

授業、自己理解を促すために行う心理教育の授業などが含まれる。二次的援助サービスは、登校しぶりが見られる子供や、転入生、遅刻・早退が見られる子供など、一部の気になる子供を対象とする援助サービスである。三次的援助サービスは、不登校状態にある子供や、発達障害を有する子供、いじめの被害や加害を経験している子供など、特別なニーズを持つ子供を対象とする。もう一つの軸は、子供が援助を必要とする領域からなり、学習面、心理・社会面、進路面、健康面がある。

（1）担任が行う学級の児童生徒を対象とする教育相談

　学級担任は、子供の学習面、心理・社会面、進路面、健康面に目を配り、子供の学校生活をサポートする役割を担っている。また、学級は子供たちの生活の場であることから、子供たちが安心安全に学校生活を送れるよう、担任には"学級経営"（学級づくり）が求められる。現在では、この学級経営をより客観的に行うために、Q-U等の心理検査が実施され、子供の心理的状態や人間関係を把握し、それに基づく学級経営を行う実践も行われている（河村、1999）。Q-U尺度は、子供の学級における"被承認感（先生やクラスメートから認められているという感覚）""侵害行為・認知（いじめやからかいを受けている）"のレベルから、学級のすべての子供を「学級生活満足群」「被承認群」「侵害行為認知群」「学級生活不満足群」の4群に分け1枚の図にプロットすることができ、学級の状態に応じた関わりの指針が提供されている（河村、2006）。また、学級の児童生徒のSOSのサインを把握する方法として、学校心理学では"SOSチェックリスト"を用いている。これは、石隈（1999）で挙げられている子供の危機状況を把握する項目を、名簿形式に直し、クラスの児童生徒の心身の状況を定期的にチェックするものである。

　こうしたツールを活用した教育相談活動の展開もあるが、教員がポジティブな雰囲気で教壇に立つことや、子供たちの様子をよく観察し子供たちのよいところをほめること、いつもと様子が異なる子供に気が付い

て声をかけること、こうした教員の日々の実践が、広い意味では重要な教育相談活動である。

(2) 学校全体で行う教育相談

多くの学校では、学校全体の教育相談を担う組織として、教育相談に関する部会や委員会が設置されている。学校心理学では、この援助サービスを担う組織を、"コーディネーション委員会"と総称し、"運営（マネジメント）委員会""個別援助チーム"の中間に位置付けている（家近・石隈、2003、**図2**）。コーディネーション委員会は、「学校内外の援助資源を調整しながらチームを形成し、援助対象の問題状況及び援助資源に関する情報をまとめ、援助チーム及びシステムレベルで、学校内外の援助活動を調整する委員会」と定義されている（家近・石隈、2003）。コーディネーション委員会が機能するとき、①スクールカウンセラーを含むチームのコンサルテーション・相互コンサルテーション機能が向上する、②生徒に対する効果的な援助や情報の提供を行う学校・学年レベルの連

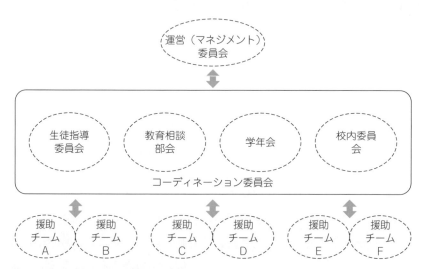

図2　組織の中にある3段階の援助チーム
　　（家近・石隈、2003を参考に作成）

絡・調整機能が向上する、③共有された援助方針をそれぞれの援助チームに伝えることでチーム援助が促進される、④管理職が参加することによって、校長の意思伝達や教職員との連携が図られることでマネジメントが促進されることが、示されている（家近・石隈、2003；家近、2014）。

　学校全体で行う教育相談の例として、教育相談週間や教育相談月間を設置し、担任と子供の個別の面談の時間を学校全体で設置している学校は多い。また、個別面談に先駆けて、心の健康調査などのアンケートを事前に実施し、担任が資料として活用できるようにしている学校や、スクールカウンセラーが事前に子供の話の聞き方（傾聴の方法）を教職員に研修している学校もある。教育相談をどの程度自分の役割と認識しているか教員によって個人差があることが指摘されているが（石隈、1999）、このような活動をコーディネーション委員会主体で取り組むことは、教育相談のユニバーサルデザイン化につながると言える。教育相談期間を設け、全員面談を行うことは、今現在援助を必要としている児童生徒が教員に相談できる機会を提供することに加え、他の児童生徒にも、教員と話す機会を提供し、何かあったときに相談しやすい状況をつくることに役立つ。

2　今日の教育相談的課題

(1) いじめへの対応

　平成27（2015）年に施行された「いじめ防止対策推進法」では、「いじめ」を、「児童等に対して、当該児童等が在籍する学校に在籍している等当該児童等と一定の人的関係にある他の児童等が行う心理的又は物理的な影響を与える行為（インターネットを通じて行われるものを含む。）であって、当該行為の対象となった児童等が心身の苦痛を感じて

いるもの」と定義している。この施行に伴い、各学校では、①道徳教育の充実、②早期発見のための措置、③相談体制の整備、④インターネットを通じて行われるいじめに対する対策の推進、を定めることが求められている。また、国及び地方公共団体では、①いじめの防止等の対策に従事する人材の確保等、②調査研究の推進、③啓発活動について定めることとなっている。

　小・中・高・特別支援学校における、いじめの認知件数は18万8057件であり、児童生徒100人当たりの認知件数は1.37件である（文部科学省、2015）。また、いじめ被害・加害経験を子供に直接質問紙で尋ねているものでは、小学生のいじめ被害経験率は3～5割程度、小学生のいじめ加害経験率は1～4割程度、中学生のいじめ被害経験率は2～3割程度、中学生のいじめ加害経験率は1～3割程度というデータもある（下田、2014）。いじめの問題は、多くの子供たちが日常的に経験している深刻な問題である。伊藤（2017）は、小学4年生～6年生3720名、中学生3302名、高校生2146名に調査を実施した結果、①いじめの被害者・加害者を共に経験している割合が高いこと、②いじめの被害者・加害者共に自尊感情が低い傾向がみられること、③ネット上のいじめ・集団無視・金品たかりを経験している子供は、不登校や希死念慮が高いこと、を示している。いじめの被害者・加害者への援助を考えるとき、被害行為・加害行為の実態把握とともに、子供の自尊感情の状態や希死念慮の有無に目を向ける必要がある。

　いじめの現象を理解する上で、森田・清永（1994）のいじめの4層構造論の理解は欠かせない。いじめは、いじめの加害者と被害者の二者間の問題だけではなく、いじめの加害者をはやし立てたりいじめが行われているそばで積極的に是認する"観衆"と、積極的にいじめには関与していないがいじめを目撃していて黙認している"傍観者"の存在がある（図3）。森田・清永（1994）の調査では、被害者12.0％、被害・加害者13.7％、加害者19.3％、観衆10.8％、傍観者38.8％という数字が報告さ

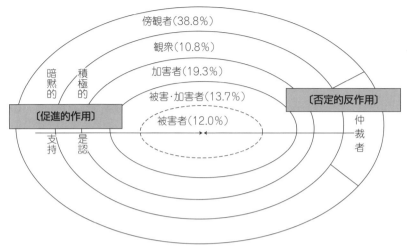

図3　いじめの４層構造
（森田・清永、1994を参考に作成）

れている。現在、いじめ予防に関する世界的な傾向として、この傍観者に着目し、傍観者がいじめを止められるように働きかけるプログラムの効果が示されている。代表的なものにフィンランド発のKiVAプログラムがある（Salmivalli & Poskiparta、2012）。傍観者に焦点を当てたプログラムの先駆的研究は日本でも始まっている（中村・越川、2014）。多くのいじめは大人がいないところで行われることを考えると、子供たち同士でいじめを抑止できるよう働きかけていくことが、いじめ予防の焦点となる。

（2）外国と関連のある児童生徒への支援

　平成26（2014）年5月1日時点の、公立の小学校、中学校、高等学校、中等教育学校及び特別支援学校に在籍する日本語指導が必要な外国人児童生徒は2万9198人（2万7013人）で、前回調査（平成24〔2012〕年）と比較して、8.1％増加している（文部科学省、2015）。また、日本語指導が必要な日本国籍の児童生徒は7897人で、うち海外からの帰国児童生徒は1535人、その他重国籍の場合や、保護者の国際結婚により家庭

内言語が日本語以外の場合などが考えられるという（文部科学省、2015）。

日本語指導が必要な外国と関連のある子供たちの多くは、教育相談上の援助ニーズもあることが考えられる。彼らの多くは、慣れ親しんだ環境から新しい環境への移行を経験している。異文化研究を行っている八代ら（2009）は、カルチャーショックの兆候として、「滞在国の言葉を学ぶことに対する拒否反応」「母国に帰りたいという強烈な欲求」「親類や話の通じる人と話したいという悲痛な思い」「必要以上に手を洗う」「飲み水や食べ物、皿や寝具に対する過度の不安」「うつろな視線」などのサインが見られることを指摘している。

これらの児童生徒の適応への援助を考える際、ベリー（Berry、2003）の異文化適応（アカルチュレーションプロセスと呼ばれる）の二次元モデルが参考になる（図4）。このモデルに従うと、個人の異文化適応の状況は、日本文化を取り入れつつ自国文化を維持する形の適応スタイル『統合』、日本文化を取り入れ自国文化の維持は望まない形の適応スタイル『同化』、自国文化を維持することを重視し日本文化を取り入れることを望まない形の適応スタイル『分離』、自国文化を取り入れることも日本文化を取り入れることも望まないアイデンティティの混乱がみられる群『周辺化』に分かれる。異文化適応ストレスは、群によって異なることが指摘されている。子供の元来の性格や子供が持つソーシャル

図4　異文化適応の2次元モデル
　　（Berry（2003）のアカルチュレーションの2次元モデルを参考に作成）

サポートの状況によって、子供が示す適応スタイルは異なる。日本文化に早く慣れてほしいという思いから、母国語や母国の文化スタイルを禁止することは、さらなるストレスを生む場合がある。援助者が、外国人児童生徒の母文化に興味を持つことは、その子供が母文化に誇りを持つことにつながる一方で、子供によって母文化との距離の取り方は様々で、他の子がいるところで聞いてほしくない、ふれてほしくない場合も考えられる。大切なことは、本人の性格やペース、学習面や生活面の課題を考えながら、その子に応じた支援を提供することである。

3　これからの教育相談

(1) 多様な子供の援助ニーズに応じるチームによる教育相談

いじめの問題や外国と関連のある児童生徒の適応の問題など、これからの教育相談はさらに多様な援助ニーズに応じていくことが求められる。日本の学校は、高校段階まで学級が子供の生活の場となっており、学級担任の役割や責任が大きく、担任が相談の窓口になることが多い。一方で、多様な子供の援助ニーズに応じるためには、それぞれの専門性や役割を持つ専門家間の連携が欠かせない。

次の架空のケースを考えてみよう。高校2年生のAさんは最近沈んだ様子で、成績も1年生のときと比べて急激に低下していた。様子が気になった担任が、本人と面談したところ、家庭のことで悩んでいて気分が沈み、勉強をやる意欲がわかない、という話であった。担任が、一度スクールカウンセラーと話してみることを提案すると、Aさんは了承した。そこで担任は、スクールカウンセラーの窓口である教育相談担当の先生に相談した。教育相談担当は、スクールカウンセラーと、本人の面談の日程を調整した。スクールカウンセラーが、Aさんと面談したところ、Aさんの家庭の状況が深刻であり、Aさんの心身の状態も差

し迫った危機があると判断した。そこで、スクールカウンセラーは、本人とも慎重に話し合い、児童相談所のケースワーカーにこのケースに入ってもらった方がよいと判断し、教育相談担当がその旨、管理職に報告した。担任は、引き続きAさんの学級での様子を観察し、Aさんの体調のよいときに遅れてしまっていた勉強の補習を行った。教育相談担当は、Aさんとスクールカウンセラーや児童相談所の先生との面談の調整、担任・管理職への報告、全体でのケース会議の調整を行った。スクールカウンセラーは、本人の心身の調子を継続的に確認し、これまで本人ががんばってきたことや本人の気持ちを中心に聞くカウンセリングを行った。児童相談所の先生は、家庭の深刻な状況をAさんから具体的に聞き取り、家庭の福祉的ニーズの把握を行った。このような対応を1年近く継続したところ、Aさんは学校で明るい表情を見せるようになり、進学の希望を口にするようになっていった。Aさんは、後に、「家庭のことを学校外の人に話せたことが大きかった」と話していた。

　経済状況が厳しい家庭や多様な家族構成からなる家庭から学校に通う子供の増加から、このようなケースは今後増えていくと考えられる。また、不登校やいじめ、家庭の困難な状況は切り離して考えられるものでなく、複数重なっている場合もある。例えば、経済的な状況が厳しく発達障害を持っていて、その子供が学校でいじめられ、不登校になっているといった状況も考えられる。こうした状況で、相談の第一窓口となった援助者がすべてを抱えていくことが望ましいとは限らない。その子供が必要とする支援を誰にどのように頼んで援助を提供するか、こうした動きを考えることが、これからの教育相談では求められる。文部科学省も、このことは「チームとしての学校の在り方」の方針で打ち出している（文部科学省、2016）。これを実現していくために、コーディネーターの役割やケースに対応するシステムが重要になる。コーディネーターやケースに対応するシステムについては、瀬戸・石隈（2002）や、家近・石隈（2003）が参考になる。

（2）エビデンスに基づく教育相談

　もう一つこれからの教育相談の重要な側面は、エビデンスに基づく実践である。学校にどのような教育相談上の課題があるか、その課題の解決のために学校はどのような実践をしているか、その実践の結果どのような効果があったか、今後の課題は何か、データで示すことは、周囲への説明責任を果たすことに加え、自分たちの実践を適切に評価し燃え尽きを防止することにもつながる。例えば、日本の学校は、入学時のオリエンテーション、縦割り班などを活かしたピアサポート、家庭訪問や保護者面談、多様な学校行事など、教育相談的な視点で見ると、児童生徒が学校生活を楽しめるような工夫、また家庭と連携をとるための工夫が、たくさん盛り込まれている。

　一方、それらの活動を教育相談的な視点で評価しているものが少なく、それらの活動がどのような効果をもたらしているのか検証されているものは少ない。適切な評価が行われなければ、活動を継続するかやめるかの判断もしにくく、学校が行う活動が一方的に増えていく傾向が見られる。これについても、教員だけではなく、校内のスクールカウンセラーに相談したり、地域の資源（地域のNPO団体や大学の研究者）に声をかけ共同で取り組むことも考えられる。学校管理職が先頭に立ち、多様な地域資源を活用し、校内の教育相談機能を高める実践に、沖・飯田・雪田（2015）が行った「ユニバーサルデザインの学校全体の取組み」や、川崎（2016）が行った「特別支援教育の充実」などがある。これからの教育相談は、多様な職種や地域における援助資源を活用して行う有機的なものになっていく。

【参考文献】
Berry, J. W. (2003). Conceptual approach to acculturation. In K. M. Chun, P.B. Organista, & G. Marin (Eds). Acculturation: Advances in theory, measurement and applied research. (pp.17-37). Washington, D.C: APA

Books.
家近早苗・石隈利紀（2003）「中学校における援助サービスのコーディネーション委員会に関する研究―A中学校の実践をとおして」『教育心理学研究』51、pp.230-238
石隈利紀（1999）『学校心理学―教員・スクールカウンセラー・保護者のチームによる心理教育的援助サービス』誠信書房
石隈利紀・田村節子（2007）『石隈・田村式援助シートによるチーム援助入門―学校心理学・実践編』図書文化社
伊藤美奈子（2017）「いじめる・いじめられる経験の背景要因に関する基礎的研究」『教育心理学研究』65、pp.26-36
河村茂雄（1999）『楽しい学校生活を送るためのアンケート「Q-U」実施・解釈ハンドブック』図書文化社
河村茂雄（2006）『学級づくりのためのQ-U入門―「楽しい学校生活を送るためのアンケート」活用ガイド』図書文化社
川崎知己（2016）「特別支援教育の推進と学校経営―つながるプロジェクトの推進から」志水宏吉『つながりの力による学校の創造』東京教育研究所、pp.57-75
文部科学省（2010）「生徒指導提要」
文部科学省（2015）「『日本語指導が必要な児童生徒の受入れ状況等に関する調査（平成26年度）』の結果について」文部科学省
　　http://www.mext.go.jp/b_menu/houdou/27/04/_icsFiles/afoe;dfo;e/2015/06/26/1357044_01_1.pdf（2017年6月25日閲覧）
文部科学省（2016）「チームとしての学校の在り方と今後の改善方策について」（答申）【骨子】
　　http://www.mext.go.jp/b_menu/shingi/chukyo/chukyo0/toushin/attach/1366271.htm（2017年6月9日閲覧）
中村玲子・越川房子（2014）「中学校におけるいじめ抑止を目的とした心理教育的プログラムの開発とその効果の検討」『教育心理学研究』62、pp.129-142
沖　久幸・飯田順子・雪田彩子（2015）「小学校における特別な配慮を要する児童への学校全体の支援の取り組み―ユニバーサルデザインとソーシャルスキル教育を用いて」『日本学校心理士会年報』8、pp.111-122
大野精一（1997）『学校教育相談理論化の試み』ほんの森出版
森田洋司・清永賢二（1994）『新訂版　いじめ―教室の病い』金子書房
Salmivalli, C. & Poskiparta, E. (2012) KiVa Antibullying Program: Overview of evaluation studies based on a randomized controlled trial and national rollout in Finland. International Journal of Conflict and Violence, 6, 294-302.
瀬戸美奈子・石隈利紀（2002）「高校におけるチーム援助に関するコーディネーション行動とその基盤となる能力および権限の研究：スクールカウンセラー配置校を対象として」『教育心理学研究』50、pp.204-214
下田芳幸（2014）「日本の小中学生を対象としたいじめに関する心理学的研究の動向」『教育実践研究：富山大学人間発達科学研究実践総合センター紀要』8、pp.23-37
横島義昭（2009）「心理教育的援助サービスの全面展開をめざした学校づくり」石隈利紀・水野治久編『学校での効果的な援助をめざして』pp.15-22

第 **4** 章

これからの生徒指導

明治学院大学 教授
小野昌彦

「不登校児童生徒への支援に関する最終報告」に見る今後の不登校対応のポイント

　平成27（2015）年1月、「不登校に関する調査研究協力者会議」が発足し、平成28（2016）年7月に「不登校児童生徒への支援に関する最終報告～一人一人の多様な課題に対応した切れ目のない組織的な支援の推進～」を提出した。この最終報告書（以下、報告書とする）は、今後の日本国の生徒指導、特に不登校対策に関する基本的な考え方を示している。

　この国の不登校の対応のポイントを「チーム支援」「不登校は子供の教育保障権利の喪失」「四つの支援原則」の三つとして、その概要を以下に述べる。

　なお、この報告書では、不登校の定義として年間30日以上欠席した児童生徒のうち、病気や経済的な理由を除き、「何らかの心理的、情緒的、身体的あるいは社会的要因・背景により、児童生徒が登校しないあるいはしたくともできない状況である」ものを用いている。

（1）「チーム支援」

　文部科学省の不登校対策においては、関係機関等との連携は、これまでにも繰り返し強調されてきたポイントである。

　今回の報告書では、今日的な新たな観点として「チームとしての学校づくり」や「保護者・地域住民等との連携協働体制を構築」し、「地域学校協働本部」や「コミュニティ・スクール」などの方向性の中に位置付け、「不登校が生じないような」「魅力あるよりよい学校づくり」を目指すことを「学校の基本姿勢」として求めていると言える。

（2）不登校は子供の教育保障権利の喪失

　森田（2016）によると、今回の報告書は、「不登校への認識に関わって、

不登校を問題視する人々の視線について意識変革を求めたことは、協力者会議の委員が画期的といえると評したように報告書の注目すべき特徴の一つである。具体的には、不登校児童生徒は、しばしば言われてきたように『困った子』ではなく『困っている子』であり、『問題のある子』ではなく『問題を背負わされた子』として捉えることが重要であることを協力者会議の基本姿勢として打ち出している」としている。

　筆者は、この不登校を問題とするか、否かというのは、どのような視座に立つかによって異なると思う。人権という視点に立てば、不登校状態となった子供が最も困っていることは義務教育を保障される権利を喪失しているということである。

(3) 四つの支援原則

　報告書の副題は、「一人一人の多様な課題に対応した切れ目のない組織的な支援の推進」である。この副題の意味するところは、以下の四つの支援原則に則った支援計画を策定することが不登校支援に重要ということである。それは、個別支援、時系列支援、組織的支援、計画的支援である。以下にそれぞれの概要を述べる。

① 個別支援

　不登校の要因・背景は多様であり、また、その現れも多様であるため、不登校児童生徒一人一人が抱える課題もそれぞれに異なってくる。したがって、支援に当たってまず考慮しなければならないことは、こうした多様性・重複性・複雑性に対応できるように「一人一人の多様な課題に対応した」「個別支援の原則」の下で支援計画を策定することが必要となる。個別支援は、不登校児童生徒支援の大前提と言えよう。

② 時系列支援

　森田（2016）は、時系列という言葉には、次の二つの側面があるとしている。その一つは、不登校児童生徒の社会的な自立を目指した個々人の成長発達と不登校の段階の改善経過に沿って継続的な支援計画を時系

列に沿って策定・実施することであり、具体的には学年や校種にまたがる経時的な支援を実施することを意味する。

二つ目は、不登校の定義要件である「年間30日以上」に至らない「初期段階」あるいは「潜在期間」から「不登校」として問題化していく過程への継続的支援である。

したがって、時系列支援とは、これら二つの時系列を意識した支援であると言えよう。

③ 組織的支援

従来は、不登校への支援やいじめや暴力への対応を教職員個々人の力量や担任などの分掌に委ね、研修では教職員個々人の資質能力の向上を目的として実施されてきた。それも大切なことであるが、半面、個々の職務や個々人による支援や対応の限界を補強する徹底した組織的対応に向けたシステムの構築への取組やそのための資質能力の開発が十分ではなかった（森田、2016）。

この学校現場の問題の改善のために、不登校児童生徒への支援については、個々の児童生徒ごとに不登校となったきっかけや不登校の継続理由が異なることから、それらの要因を的確に把握し、個々の児童生徒に応じたきめ細やかな支援策を策定することや社会的自立へ向けて進路の選択肢を広げる支援をすることが大切である。そのためには、学校関係者や家庭、必要に応じた関係機関が情報を共有して、組織的・計画的に支援することが組織的支援である。

④ 計画的支援

前述の「時系列支援」や「組織的支援」を実効性のあるものとするために計画的に支援を進めることである。そのためには、不登校のきっかけや継続理由や本人の状況や課題、ニーズ等についての的確な実態把握と状況分析に基づく支援計画策定（アセスメント・ベイスド・プランニング）が必要となる。その際には、担任や教育相談担当や生徒指導担当等が個人単独で行うのではなく、事例によっては学外のネットワークを

活用しつつアセスメントチームを構成するなど、組織的な実態把握が必要となる。計画的支援の実施に当たっては、Plan、Do、Check、Actionのプロセスが重要なことは言うまでもない。

2　今後の不登校支援における重点方策

報告書では、今後の不登校施策の重点項目として「児童生徒理解・教育支援シート」を活用した組織的・計画的支援、不登校児童生徒への多様な教育機会の確保、教育支援センターを中核とした体制整備の三つを掲げている。以下にそれぞれの概要を述べる。

① 「児童生徒理解・教育支援シート」を活用した組織的・計画的支援

報告書においては、学校関係者が中心となり、不登校児童生徒や保護者と話し合いながら個々の不登校児童生徒に応じた「児童生徒理解・教育支援シート」（モデル・フォーマット）を支援計画として作成し、組織的・計画的に支援を実施することを推奨している。また、児童生徒の状態や支援の進捗状況に応じてシートの内容を見直し、学年間、校種間、学外専門機関間で継続的に支援を続けていくことも重要であるとしている。

特に「児童生徒理解・教育支援シート」については、シートの作成と活用の便宜を図るために「手引き」が出されている。また、今後、シートの作成について全国的な実施を促す観点から「モデル・フォーマット」が付けられている。

② 不登校児童生徒への多様な教育機会の確保

報告書においては、一人一人の状況に応じ、不登校特例校や教育支援センターの利用、ICTを使った学習支援の実施、夜間中学など、多様な教育環境を提供できるよう環境整備を図ることが重要であるとしている。

③ 教育支援センターを中核とした体制整備

　教育支援センターは、不登校児童生徒への支援に関する知見や技能が豊富であることから、通所を希望しない不登校児童生徒への訪問支援等、学校外における支援の中核となることが期待される。そのため、国においては、教育支援センターの設置促進や機能強化に関するモデル事業の実施、スクールカウンセラー配置など、自治体への財政支援が必要であるとしている。

3　報告書の課題と先進例の紹介
――コンプライアンスと科学的アプローチによる連携支援へ――

　筆者は、現在までに多様なタイプの不登校の再登校支援とその登校維持支援、学校、町、市単位の不登校問題解消、不登校半減を達成してきた。これまで紹介してきた報告書の方針は、今後の日本の生徒指導上の不登校対策として尊重すべきと考える。しかしながら、筆者の自験例から不登校に対するさらに効果的な対応を考えると、コンプライアンス（法令遵守）と科学的アプローチが必要であると考える。

（1）コンプライアンス（法令遵守）

　文部科学省は、不登校対応において多様な連携をするように推奨しているが、十分に活用されていない機関として、司法関係機関、弁護士がある。

　これは、先に述べた不登校児童生徒を「困っている子」と考える際に教育保障権利の喪失という発想が報告書や森田（2016）に見られないことからも明らかであった。

　筆者が、コンプライアンスを重要視するのは、東京都東大和市全中学校における不登校半減において、筆者がスーパーバイザーとして弁護士と連携して教育委員会に学校教育法施行令第20条、21条に定められた手順の実施を助言し、校長、担任のその遂行が大きな成果を挙げたから

である（小野、2014）。

　小野（2014）によると、東京都東大和市内全中学校を対象として、典型事例の行動アセスメントに基づいて設定した不登校認定手順を導入した不登校発現予防対策を適用した。4年間の対策実施の結果、東大和市の全中学校長、全教員の不登校認定手順の実施率が90％となり、新規不登校発現率が、2.87％から1.3％、新規不登校数59人から28人となり、新規不登校発現率及び新規不登校数ともに半減した（図1）。必然的に不登校発現率も約40％減少し、不登校発現率が2.75％と所属自治体である東京都の対策実施年度の中学校平均不登校発現率2.93％を下回った。これは、前例のない優れた成果であった。この専門家（筆者）のアセスメントに基づくコンサルテーション、弁護士、教育委員会、校長、教員の連携は今後のモデルとなろう。

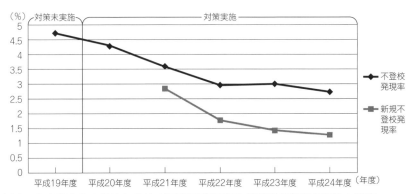

図1　東大和市全中学校における不登校発現率及び新規不登校発現率の推移
（小野、2014）

（2）科学的アプローチ——行動論による支援シートのソフト化——

　今後の学校現場における連携・支援においては、科学的に効果が実証されたアプローチをもとにすること、さらにそれらが専門家不在の場合でも教員が実施できるようなソフト化がなされるとより効果的である。

　不登校支援研究においては、行動論の立場から、その多様な発現メカ

ニズムに対応可能な行動アセスメントと対応技法が提案され、再登校、再登校以降の継続登校支援に大きな成果を挙げてきたと言える（小野、2015）。我が国で初めて行動論の立場からの系統的な不登校へのアプローチを検討した小林（1980）は、不安・恐怖による不登校に対する単独技法適用事例、長期の不登校に対する単独通所、学習、体力訓練等を含めた総合的アプローチを提唱した。小野（2010）は、この総合的アプローチの適用対象を拡大し、不安の見られない不登校、家庭内誘発・維持要因による不登校、学校内要因（いじめを含む）が誘発・維持要因である不登校に対応できる包括支援アプローチを提唱し 97% の再登校支援達成の成果を挙げている。

　小野（2017）は、この包括的アプローチをもとに、長期未支援で家庭内に引きこもっていた不登校中学生に対する再登校行動形成を目的とした筆者の校長に対するコンサルテーションの効果を検討した。対象は、長期未支援状態であった中学2年生男子不登校生徒（1年6か月間不登校）である。行動アセスメントの結果、対人関係の不調、曖昧な欠席理由による欠席容認、校長の欠席理由の妥当性チェック未実施が不登校発現前条件、学校場面を回避させるのみの保護者対処が不登校維持条件であった。校長に対する行動コンサルテーションにより、校長の保護者への卒業要件提示、保護者の対象生徒への対応変容、校長と対象生徒の支援関係設定、校長による生活リズム修正及び学習支援、校長室を活用した段階的登校行動形成を実施した。6か月の支援の結果、対象生徒の不登校発現前・維持条件が変容し、再登校し予後良好であった。再登校支援に回避的な保護者の対応による長期未支援不登校の場合、校長の保護者に対する卒業要件提示が有効に働くことが示された。

　この包括的アプローチは、『学校・教師のための不登校支援ツール―不登校ゼロを目指す包括支援ガイド―』（小野、2013）、『児童生徒の問題行動解決ツール』（小野、2012a）と教員が単独で運用可能なようにソフト化されている。これらのソフトには、診断システム、行動記録、ア

セスメント、機能分析、事例検討会、外部連携用シート印刷機能、データベース機能があり、報告書にある「切れ目のない支援」も可能としている。

現在、包括的支援アプローチには、小野（2012b）が指摘する発達障害のある児童生徒の不登校も視野に入れて CLIP-dd (checklist for Supporting on Persons with Developmental Disorders) のトップダウン編とボトムアップ編の総合評価を活用した行動形成支援、唾液アミラーゼモニター活用によるストレス度チェック、シャトルラン測定による持久力測定、東京都教育委員会作成の東京ベーシックドリル活用による学力到達度評価と指導を組み込んで効果を検討中である。これらの科学的根拠のある不登校支援研究の蓄積は、不登校のみならず様々な解決すべき問題の個別支援計画の作成及び遂行、学内外連携に大きく貢献できる可能性があると言える。

【参考文献】
文部科学省（2016）不登校に関する調査研究協力者会議「不登校児童生徒への支援に関する最終報告～一人一人の多用な課題に対応した切れ目ない組織的な支援の推進～」
小林重雄（1980）「登校拒否症について」『行動療法研究』5、pp.44-49
小林重雄・加藤哲文・小野昌彦・大場誠紀（1989）「登校拒否治療への積極的アプローチ―行動アセスメントとその臨床例への適用―」『安田生命社会事業団研究助成論文集』24（2）、pp.61-68
文部科学省（2001）「不登校に関する実態調査（平成5年度不登校生徒追跡調査報告書）」
文部科学省（2014）「不登校に関する実態調査～平成18年度不登校生徒に関する追跡調査報告書～」
森田洋司（2016）「不登校に関する調査研究協力者会議が提起したこと」『生徒指導学研究』15、pp.9-15
小野昌彦（2010）『不登校への行動論的包括支援アプローチの構築（2010年度科学研究費補助金研究成果公開促進費助成書籍：225225）』風間書房
小野昌彦（2012a）『児童・生徒の問題行動解決ツール―教師のための10ステップ実践ガイド―（CD付き）』風間書房
小野昌彦（2012b）「不登校状態を呈する発達障害児童生徒の支援に関する研究動向」『特殊教育学研究』50（3）、pp.305-312
小野昌彦（2013）『学校・教師のための不登校支援ツール―不登校ゼロを目指す包括支援ガイド―』風間書房
小野昌彦（2014）「学校教育法施行令を遵守した不登校認定導入による市単位の中学生不登校発現予防の効果―新規不登校発現率半減を達成した東大和市の例―」『スクール・コ

ンプライアンス研究』2、pp.71-80
小野昌彦（2015）「第5章教育：通常学級②未支援長期不登校生徒の支援依頼行動の形成」日本行動分析学会編『ケースで学ぶ行動分析学による問題解決』金剛出版、pp.70-77
小野昌彦（2017）「校長に対する助言による長期未支援中学生不登校の再登校支援－包括的支援アプローチをもとにして－」『特殊教育学研究』54、5、pp.307-315
柘植雅義（2012）『特別支援教育－多様なニーズへの挑戦－』（中公新書）中央公論新社、p.80

第5章

これからのコンサルテーション

立教大学 教授
大石幸二

1　学校コンサルテーション実践の必要性

　現代の学校は三つの喫緊の課題を抱えている。すなわち、①教員組織の年齢構成がいびつなものになっていること、②教師が多忙・疲労感に苛(さいな)まれていること、③教師の評価機会が限局されていることの三つである。このうち教師の多忙感は、2000年代に入り、特に強調されるに至った（小島、2016）。そして、未だにこの多忙感の問題は、解決を見ていない。小島（2016）は、教師の業務負担を軽減することにより、教師が児童生徒と向き合うことができる時間を確保すべきことを指摘している。多忙感をめぐるこの認識はとても重要である。児童生徒と十分に向き合うことができない（本務に専心できない）ということが、熱心な教師にとっては大きなストレスになるからである。この課題を放置すると、教師が学校で教職の専門家として育ち、専門性を高めることを阻む要因となる。そして、将来に負の所産をもたらすことになる。

　教師のストレスと関連して、宮下（2017）は、教師のストレスやバーンアウトに対して、教師に与えられる評価が影響を及ぼすことを指摘している。この指摘は、宮下自身が行った先行調査に基づいてなされており、その調査結果によると、「仕事ぶりを肯定的に評価してもらった」「頑張りを認めてもらった」「毎日、何かしらの声を掛けてもらった」「よく話を聴いてもらった」というフィードバックがバーンアウトの予防因子として働き、仕事の成果（教師及び学校の質）を高めることに貢献することが明らかにされている。そのようなフィードバック源の一つが後述する学校コンサルテーションである。フィードバック源が枯渇すると、先に挙げた教師の評価機会の限局が生じる。評価機会の乏しさは、教師の指導に対する動機づけや、適切で効果的な指導行動の維持を難しいものにしてしまう。そのため、先に挙げた三つの課題はこのまま放置されれば、教師の質を低下させ、ひいては教育の質をおとしめる結果につな

がってしまう。

2　学校コンサルテーションの特徴と効果

　教師に対する重要なフィードバック源である学校コンサルテーションが広く行き渡っていれば、課題解決に向けたはじめの一歩を踏み出すことができよう。けれども、その恩恵に浴している教師は、必ずしも多数派とは言えないかも知れない。

　学校コンサルテーションでは、教師の指導行動と児童生徒の学業行動及び社会行動の自己管理との関係を分析する。そして、これらの行動が相互に促進され、学校及び家庭・地域社会においてよりよい成果を生み出すように計画される。その際、教師が児童生徒に及ぼす影響や、その逆に児童生徒から教師が被る影響について機能的行動アセスメント（functional behavior assessment: FBA）という枠組みを用いて行動的事実の整理が行われる。

　池島・松山（2016）は、北米で生徒指導のための支援システムとして最も広く用いられ、すでに定着（各州共通基礎スタンダード：CCSS）を見せている手法が積極的行動支援（positive behavioral interventions and supports: PBIS）であることを紹介している。その契機となる枠組みこそが機能的行動アセスメントである。

　機能的行動アセスメントは、積極的行動支援の中で、すべての児童生徒の適切で効果的な行動を肯定的に受け止める取組を前提とする。その上で、行動上の問題が見られる場合に、これを適切で効果的な行動へと導くために、行動と環境の関係を吟味する際に用いられる。そして、このような指導・支援プログラムが計画に基づいて円滑に実行されるように学校コンサルテーションが実施されるのである。この実践方法は、学校コンサルテーションの中で、最も効果が確認され、エビデンスが蓄積された行動コンサルテーションのアプローチの実際である。このアプ

ローチでは、教師が教職の専門家として指導行動のどの要素を変化させれば、児童生徒の行動がどのように望ましい変化を達成できるかを予測して介入が行われることになる。

3 行動コンサルテーションのアプローチ

　行動コンサルテーションのアプローチについて、図1に概略を示している。

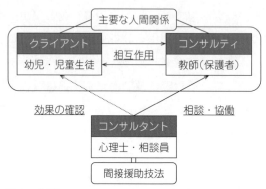

図1　行動コンサルテーションの概略

　図1の上段に示すように、行動コンサルテーションにおける主要な人間関係は、あくまでクライアントである幼児・児童生徒と、コンサルティである教師（保護者）との相互作用である。幼児・児童生徒と教師との相互作用が成立し、加えてこの相互作用が日々の関わりの中で発展していくならば、心理士や相談員の関与は必須のものではないであろう。日々の教室での関わりがフィードバック源となり、教師と幼児・児童生徒の双方の行動が変容するのは、教育実践の理想的な姿である。けれども、教師がより効果的な指導・支援行動を行うことにより、幼児・児童生徒の学業行動及び社会行動の変容が期待できるとき、コンサルタントとして心理士や相談員が教師と相談・協働を行ったり、幼児・児童生徒の行動変容に及ぼす効果の確認を行うことが有効な場合もある。この場合、

心理士や相談員は幼児・児童生徒に直接的に関与するわけではないので、ここで用いられる手法は、間接援助技法ということになる。その様子は、図1の中段から下段に示している。

行動コンサルテーションを含む学校コンサルテーションが間接援助モデルに基づいているとされるのは、このためである。では、コンサルタントはどういう手順で学校コンサルテーションを進めるだろうか。

学校コンサルテーションにおいてコンサルタントが目指すのは、コンサルティである教師が効果的に問題を解決し、教師の専門性が発達するとともに、幼児・児童生徒の問題が解決することである。その第一歩は、問題を見極め、それを絞り込むことである。問題が絞り込めたなら、今度はその問題の経緯（問題形成要因）と今なおその問題が持続している理由（問題維持要因）を整理しなければならない。原因を取り除き、動機づけを弱めることができれば、問題の低減を図ることができ、より建設的な行動の促進が可能となるからである。もちろん、短期間で即効性のある介入を成功させられることは稀であるが、上記の変容を目指して、介入の計画を進める。その上で、介入の効果と課題を確認するための評価を行う。このことより、問題の見極め、問題の整理、介入の計画と実行が適切なものであったかが判定できるのである。行動コンサルテーションは、このような手順を律儀に守って進めており、バーガン（J. B. Bergan）の4段階モデルと呼ばれている（大石、2016）。

学校コンサルテーション実践の将来の方向性

大石（2016）が示しているように、学校コンサルテーションは間接援助モデルに基づいている。図1に示した行動コンサルテーションの概略を見ると、このことがよく理解できる。先に述べたが、学校コンサルテーションのサービスは、必ずしも全国の津々浦々に張り巡らされているわけではない。教師と学校にとって重要であると考えられるこの間接援助

サービスの技法は、必ずしも具体的に心理士の教育カリキュラムの中で扱われることがない。そのため、これを成功裡に進めることができる人材の供給が十分ではないのである。

　大石（2016）は、自治体の長期研修教員派遣制度や教職大学院修学を選択した教師ばかりでなく、特別支援教育コーディネーターに指名された教師、通級指導教室の担当教師、教育相談員や巡回相談員、あるいはスクールカウンセラー等が前記の実践を行うことができると考えている。これらの人材に対して、積極的な実務研修を行うことにより、学校コンサルテーションの波及に関する問題を解決するための端緒を開くことができるだろう。もちろん、学校コンサルテーションの技術革新を図り、技法の高度化を図らなければいけないという課題はなお残るが、裾野を拡げる活動と、高度化を図るために先端技術を積み上げる活動とを、同時に進めていかなければならない。

5　学校コンサルタントの養成と研修

　先述したように、学校コンサルテーションを成功裡に進めることができる人材は絶対的に不足している。間接援助技法についての実務教育は、場合によると、ソーシャルワーカー（学校や児童の領域など）の育成やコーディネーター（特別支援教育や医療保健福祉の領域など）の養成のほうが一歩進んでいると思われる。それは、高等教育機関のカリキュラムとしてソーシャルワーカーの育成に特化したコースやコーディネーターの養成に特化したコースがすでに設置され、教育訓練を行うためのテキスト及び実習体制が整備されているからである。学校コンサルタントの養成についても、これらの既存のカリキュラムを参照して、教育訓練を行う体制を整備することが重要である。

　学校コンサルテーションを持続的に発展させ、それを担う人材の育成を行うためには、必要にして十分な教育訓練を担う場や機会の設定が急

務である。その際、染岡（2017）が示唆したアクティブ・ラーニングを取り入れた学生の能力伸長の研究は参考になる。

　染岡は、必ずしもコンサルタント養成のためにアクティブ・ラーニングの手法を取り入れているわけではない。しかし、チーム・ビルディングという発想を持ち、個々の知識・技能を伸ばそうとする染岡（2017）の手法は、コンサルタントを孤立させることなく、ピアサポート・ネットワークを同時に構築しながらカリキュラムを展開する方法として、参照に値するのである。

【参考文献】
池島徳大・松山康成（2016）「学校における３つの多層支援の取り組みとその効果―PBISの導入とその検討―」『奈良教育大学教職大学院研究紀要・学校教育実践研究』8、pp.1-9
小島博明（2016）「学校の業務改善の取り組み状況を分析する―『教職員の勤務負担軽減を図るための業務別改善マニュアル』の個別の改善事例の記述内容から―」『早稲田大学大学院教育学研究科紀要（別冊）』23、pp.85-95
宮下敏恵（2017）「小・中学校教師におけるバーンアウト低減のための組織的取り組みに関する検討（３）」『上越教育大学研究紀要』36、pp.433-442
大石幸二（2016）「行動コンサルテーションに関するわが国の研究動向―学校における発達障害児の支援に関する研究と実践―」『特殊教育学研究』54、pp.47-56
染岡慎一（2017）「『アクティブラーニング』に関する一考察―グループワーク・トレーニングの試行―」『安田女子大学紀要』45、pp.91-97

第 6 章

カウンセリング・マインドで取り組む学級経営

立教大学 教授
大石幸二

学級経営における児童生徒の行動の予測と制御

　そもそもカウンセリング・マインドという言葉は、日本で作られた造語（和製英語）である（野口・坂中、2003）。野口・坂中（2003）は、このカウンセリング・マインドという言葉が、我が国で好んで用いられていることを指摘している。そして、今や心理士でない教育や福祉の実践家の間にも、カウンセリング・マインドという概念が広く浸透している。

　カウンセリング・マインドという概念は、温かな人間関係を基盤として、他者に関わることを表す態度の総称である。この概念や態度は、先述したように実践の現場にすでに広く受け入れられている。例えば、若宮（2007）は、このカウンセリング・マインドという概念がソーシャルワークにも受け入れられ、対等で支え合う人間関係を築き上げる際に、この概念の運用が不可欠であることに言及している。また、縫部（2010）は、カウンセリング・マインドをもって教師が授業に当たることは、集団維持機能に関連しており、学級経営そのものであることを示唆している。さらに、集団維持機能を十全に発揮するには、カウンセリング・マインドとともにフィードバック（後述の**図3**を参照）が重要であることも指摘している。

　このようにカウンセリング・マインドの浸透が生じているのは、限られた人数の専門家（カウンセラー）のみでは（彼らがたとえ高度の専門性を有していたとしても）家庭や学校、地域社会において生じている問題を包括的に解決し、予防することがきわめて難しくなってきたことに由来している。これは、1980年代に生じた出来事であり、学校では不登校やいじめなどの現象が広がり、一般化したことが大きな理由となっている（野口・坂中、2003）。

　ところで、学級経営において児童生徒の行動を予測し、これを制御で

きることはとても大切なことである。縫部（2010）も、組織をマネジメントする際にしばしば用いられるリーダーシップに関するＰＭ理論に準拠して、教師の指導性（目標達成機能）と集団の力の強化（集団維持機能）が重要であるとしている。そして、集団維持機能こそ、カウンセリング・マインドを活かした学級経営そのものであることを指摘している。集団の力を強化するために教師は、児童生徒の情動の調整を促し、相互作用を促進する力量が求められる（縫部、2010）。このように教師は、児童生徒一人一人に働きかけて、彼らの自律と自立を高めていくのである。

児童生徒の自律と自立を達成するためには、的確なアセスメントに基づいて彼らの興味・関心を理解し、その強みを活かす取組を欠くことができない。その第一歩は、児童生徒の行動の観察から始まる。観察に基づく予測と制御は、義務教育を終わるまでに、児童生徒が主体的に行動し、自己管理と自己責任を負えるようにするために行われる。その際、教師の主導性ばかりが高くなっても、学級経営としては成功と言えない。児童生徒が自己変容を遂げられるようにする潤滑油こそが、カウンセリング・マインドに満ちた彼らとの対話の役割なのである。そして、その際に教師には児童生徒の思いや意図までを汲む感受性と、行動の前後関係を冷静に分析するための観察眼が必要なのである。

2　学級における集団随伴性の適用

児童生徒の持ち味は、一人一人異なっている。これを理解することが、教師が行う指導・支援の前提である。教師には、このような一人一人の違いの理解に基づいて、指導・支援の個別化を達成することが求められる。その一方で、教室は集団から構成されている。よって、教師はこれらの集団をまとめ、これを効果的に機能させなければならない。集団の機能を高めるためには、学級集団全体の行動に対して、そのパフォーマ

ンスを高めるための結果操作(集団随伴性と言う)を行い、教室環境を整える必要がある。

　林田・西山(2017)は、一次的援助サービスとして規範行動の向上を図る指導・支援を行っている。心理教育プログラムを実践するために、中学校2年生を対象に積極的行動支援の有無を独立変数として操作し、規範行動の向上を従属変数として観測しながら、調査を実施している。中学校において学級集団が一つの共通する目標に向かって変容するためには、その集団内で相互に強化が与え合われるような関係性(相互行動)をつくることが必要であることが示唆された。これは強化共同体と呼ばれる仕掛けであり、学級がコミュニティとしての一体感をもって機能するために必須の条件である。

　このように教師には、児童生徒を個として捉え、その多様性を見とるミクロの眼と、学級集団を一つの意味ある組織と見なして児童生徒を互いに結び合わせるマクロの眼の両方が求められるのである。

3　カウンセリング・マインドの観点から見た学級経営

　学級が一つの組織としてうまく機能するためには、学級をコミュニティとして発展させる必要がある。コミュニティは、共通の目標に向けて一体感をもって取り組むまとまりある集団である。その際、教師は、児童生徒を相互に結び付けることが重要になる。このような教師の役割を果たそうとするとき、カウンセリング・マインドに基づく一人一人に対する寄り添いが重要な意味を持つ。学級に対して満足度の低い児童生徒が存在することにより、学級の集団としての求心力は損なわれてしまう可能性があるからである。

　学級集団の発達は、学級経営の根幹に関わる問題であると言われる(長谷川・小野寺、2016)。長谷川・小野寺(2016)は、中学校における大学院生(現職教師)の具体的な実習経験を基盤として、調査を行った。

第6章　カウンセリング・マインドで取り組む学級経営

その調査の中では、生徒が学級集団に対して考えや思いを言うことができず、しかも言ったところでその声をしっかりと受け止めてくれる仲間は少なく、さらに効果は薄いと考えている生徒が少なくないことを認識した経緯が示されている。

児童生徒の人間関係や規律ある集団の状態が損なわれることで、共同体としての学級集団は不安定なものとなり、そのマイナスの影響は学習指導と生徒指導の両面に及ぶことが示唆されている（長谷川・小野寺、2016）。その意味で、子供同士の肯定的な人間関係を創り上げることがいよいよ必要となる。そして、学級集団を帰属意識を持ち得る"意味ある"集団にまで高めることが、教師の職責として期待されていることが指摘されているのである（長谷川・小野寺、2016）。

図1〜図3に学級集団を高める三つの側面を示す。図1と図2は、学級集団に対するアプローチ（図3）を進めるための前提となるアプローチである。教師はパフォーマンス・フィードバックを通じて、学級の機能を高めようとする。

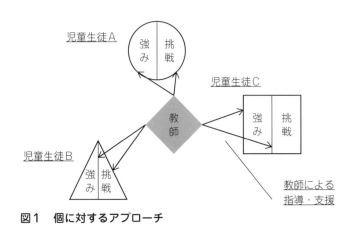

図1　個に対するアプローチ

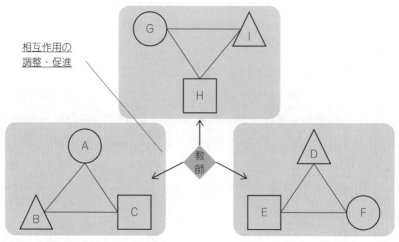

図2　小集団に対するアプローチ

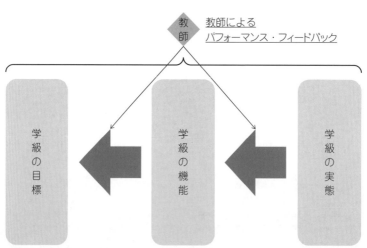

図3　学級集団に対するアプローチ

学級経営に関する今後の方向性

　教師が養成課程と初任者研修や年次研修などの継続研修を通じて、カウンセリング・マインドに基づく学級経営を展開できることは重要である。今やソーシャルワーカーやホームヘルパーなどのケアラーの養成研修や相談援助技術実習の中に、カウンセリング・マインドに基づく受容的態度の涵養が明確に位置付けられているという（若宮、2007）。けれども、これらの（知識ではなく）技能を修得するための機会は限られている。もちろん、教育相談や生徒指導、あるいは道徳や特別活動について深く学ぶ教師や、学級・学年及び学校経営について実践的に検討している教師は、日々このような技能に磨きをかけていると思われる。しかし、教科の専門性を深めたいと願う教師に、これらの学級経営の手法を具体的かつ広範に修得してもらうことができるような校内体制を整備することには工夫が必要であるだろう。

　例えば、保育実践の現場では、保育カウンセラーを活用したコンサルテーション機能を役立てる方策が提案されている（鑑・千葉、2005）。同じ枠組みに準拠するならば、スクールカウンセラーが行うコンサルテーション機能を学校組織内で十分に活用することが工夫の一つとして考えられる。その際、管理職のリーダーシップに基づく各学校の人材育成の努力は、大変重要であろう。一方、相模（2009）が推進している研究では、①カウンセリング・マインドを持った教師を育成するための授業研究、②スクールカウンセラーを行う臨床心理士育成のためのビデオシステムを用いた教育プログラム、③事例データベースを用いたカウンセリング技術の質的向上などが進められており、より具体的な人材育成の試みとして注目に値する。

【参考文献】
長谷川彬人・小野寺基史（2016）「学級集団発達を促す教師の働き」『北海道教育大学大学院高度教職実践専攻研究紀要』6、pp.83-94
林田篤伸・西山久子（2017）「中学生へのクラスワイドな積極的行動支援（PBIS）の成果に関する研究——次的援助サービスとしての規範行動の向上に向けて—」『福岡教育大学紀要』66、pp.125-133
鑑さやか・千葉千恵美（2005）「社会福祉実践における保育士の役割と課題―子育て支援に関する相談援助内容の多様化から—」Journal of Health & Social Services, 4, pp.27-38
野口真・坂中正義（2003）「わが国における教育とカウンセリングの関係—『カウンセリング・マインド論』の変遷を中心として—」『福岡教育大学紀要（第4分冊）』52、pp.189-197
縫部義憲（2010）「日本語教師が基本的に備えるべき力量・専門性とは何か」『日本語教育』144、pp.4-14
相模健人（2009）「教育学部における学校カウンセリング分野教育に関する研究―カウンセリングマインドを持つ教員及びスクールカウンセラー養成のための教育システムの開発—」『愛媛大学教育学部紀要』56、pp.85-90
若宮邦彦（2007）「カウンセリング・マインドの効果研究―"解放された純粋性概念"を通じて—」『社会関係研究』12、pp.1-23

第 7 章

保護者との信頼関係を築く相談活動（養護教諭の役割）

静岡大学 教授
鎌塚優子

1　子供の心と体の情報センターとしての役割
　　　——養護教諭の職務の特性と保健室の機能——

　保健室は、子供たちが身体症状を介して様々な情緒的な混乱を表出する場である。来室する子供の中には、発達に偏りのある子供、障害や慢性疾患を抱え、通常のカリキュラムの枠や教育方法になじめない子供、虐待、貧困など家庭の様々な事情を抱え意欲を持てない子供、性的マイノリティ、日本語が上手く話せない外国籍の子供など、現在の学校教育の枠組みの中にはなじみにくい様々な背景を持つ子供たちが数多く存在する。これまで保健室は、インクルーシブな環境になかった子供たち、そして子供を取り巻く家族の状態を最前線で捉えてきた場でもある。そのため、養護教諭は、現代社会が抱える生々しい現実を最も身近で捉えてきた存在であると言えよう。

　我が国における養護教諭という職種は、世界に類をみない学校教育法に定められた医学的素養を持った教育職である。養護教諭の担う職務は保健管理、保健教育、保健室経営、健康相談、組織活動とされている。特にその中でも、健康相談については、平成9（1997）年保健体育審議会答申において、いじめや不登校などの深刻化に対して養護教諭が「身体的不調の背景に、いじめなどの心の健康問題がかかわっていること等のサインにいち早く気付くことのできる立場にある」とのことから、新たな役割として養護教諭の職務や保健室の機能を生かした健康相談活動（養護教諭が行う相談活動）が養護教諭養成カリキュラムに新設されたという背景がある。また平成20（2008）年中央教育審議会答申においては、学校保健に関する学校内の体制の充実のために養護教諭は「学校保健活動の推進に当たって中核的な役割を果たしており、現代的な健康課題の解決に向けて重要な責務を担っている」ことが示されている。このように養護教諭は言うまでもなく学校における子供の心身の諸問題に対しては、なくてはならない重要な存在である。

保健室は、前述したように、子供たちの様々な情緒的な混乱をいち早く捉える場であり、初期対応の仕方によっては、その後の経過や回復の状況、スピードが全く異なってくる。そのため、保健室で捉える子供の姿を、養護教諭がいかに的確にアセスメントし、校内外の組織を活用し、保護者と連携、支援していくか等、この一連の活動が個々の養護教諭の力量に委ねられる。よって、個々の専門職としての資質や力量形成は子供たちの健康課題解決に重要な要素であると言える。しかしながら養護教諭が機能していくためには、管理職の力も大きい。そのためには養護教諭の専門性や保健室の機能の特性を的確に捉え、学校体制にどう効果的に組み込んでいくか、管理職のマネジメントにかかっているとも言える。保健室の機能としては以下の9項目が挙げられる。

① 健康診断、発育測定などを行う場としての機能
② 個人及び集団の健康課題を把握する場としての機能
③ 健康情報センター的機能
④ 健康教育推進のための調査及び資料等の活用・保管の場としての機能
⑤ 疾病や感染症の予防と管理を行う場としての機能
⑥ 児童生徒が委員会活動等を行う場としての機能
⑦ 心身の健康に問題のある児童生徒等の保健指導、健康相談、健康相談活動を行う場としての機能
⑧ けがや病気などの児童生徒などの救急処置や休養の場としての機能
⑨ 組織活動のセンター的役割
（日本学校保健会『養護教諭の専門性と保健室の機能を生かした保健室経営の進め方』「保健室の機能と保健室経営」より）

このように保健室は学校教育の一施設として、学校内の様々な情報が入りやすく多くの情報を把握している場でもある。また、養護教諭は全

校の子供たちの心身の健康問題を個と集団という側面から把握、支援していること。そして、教育職でありながら、他の教職員とは違い、保健室という誰もが随時、利用できる部屋を持ち、教室とは異なった時間の流れの中で、子供の危機的な状態や、様々な問題を、いつでも受け止めることができる場である。したがって学校の中で、養護教諭は、保護者にとっては最も身近であり相談しやすい存在でもある。

 ## 保護者との信頼関係を築く養護教諭の相談活動

（1）「気付き」の専門家としての役割

　養護教諭は常に心身相関の視点から子供とその保護者に対する支援を校内外の関係組織、機関と連携しながら行っている。子供の心身の状態から子供の困り感や思いにいち早く気付く「気付き」の専門家でもある。子供の何らかの状態に気付き、学級担任を介して保護者に対して養護教諭から相談を依頼する場合もあれば、保護者から直接、相談を受けることも多いであろう。その際、保護者との信頼関係を築くために、まず、保護者の気持ちに寄り添った対応が必要とされる。保護者が最も困っていることは何なのか、何を望んでいるのかなど、本質的なことを捉える力量が必要である。特に支援が長期にわたるような慢性疾患を持つ子供や学外の施設に通う子供の場合においては、学校から孤立感や疎外感を感じている場合もあり、定期的に相談日を設けるなどきめ細やかな配慮が必要である。

（2）保護者の気持ちの通訳、代弁者としての役割

　本来であれば、保護者から相談を受けた場合、できるだけ、担任や学年主任などに同席してもらい相談に応じるべきであるが、保護者によっては養護教諭のみに聞いてほしいという要求も少なくない。特に、障害

や慢性疾患を抱える子供を持つ保護者は子育ての中で、様々な傷つきを体験していることも多く、学校に対して不信感が強い場合もある。養護教諭は、保護者から聞いたことを記録し、担任や学校内の職員に分かりやすく保護者の思いに忠実に説明できる力量が求められる。丁寧に保護者との関係性を築き、徐々に担任や学年などの関係者とをつないでいくことが大切である。

養護教諭が関わる子供たちは、常に学校に通ってきている子供たちだけではない。例えば、外部の相談機関など、学校に登校できるようになるまでの準備段階として、別の機関で学んでいる子供たちも存在している。最も大切なことは、このように一時的にも外部の機関で過ごしている子供たちのことを、常に原籍校の全教職員が気に掛けているという姿勢を持ち続けることが大事なのである。学年をまたいでの支援が必要となる場合も多いため、養護教諭は、これまでの経過も含めて保護者の気持ちの通訳、代弁者としての役割を担うことが大切である。以下、本項では、慢性疾患を持つ子供や学外の機関で学ぶ子供に対する支援について焦点を当て言及する。

① 慢性疾患を持つ子供

アレルギー疾患や心臓疾患、腎臓疾患などの慢性疾患を抱える子供たちは、毎年、学校生活管理表を学校に提出している。管理表とは、学校において配慮や管理が必要だと思われる場合に使用されるものである。これは、個々の子供の疾患について

学校生活管理指導表（アレルギー疾患用）
（日本学校保健会）

の情報を主治医が記載し保護者を通じて学校に提出、子供に関わる教職員が、子供の状態や学校生活で留意する点などを把握するものである。子供の健康状態は日々変化している。養護教諭は、学級担任も含め毎年、この表を提出してもらう際に、保護者との面談の機会を設定することが大切である。学校には、様々な疾患を持つ子供が在籍している。これらの子供たちに適切な対応を行うためには、個々の子供の心身の状態に対する詳細な情報を学校の教職員全員で共有することが重要である。

　現在、小児慢性疾患児の多くは小・中学校等に在籍し、治療をしながら学校生活を営んでおり、特別支援学校に在籍している割合はわずかである[1]。特に小児がんなど小児特定疾患の子供は治療が長期にわたる場合が多い。このような子供たちは、長期にわたる治療を継続させなくてはならず、病状によっては、心理的にも不安定な状態になることがある。また通常のカリキュラムや時間枠の中では他の子供たちと共に学ぶことが困難な時期がある。そのため一時的に保健室や別室などで過ごすなどの環境調整も必要となる場合がある。養護教諭は、適切な支援のために、現在の子供の心身の状態、治療内容の理解、これまでの経過（保護者の許可を得て入学前の園や学校との情報連携）、学校生活管理上の留意点、緊急時の対応、自己管理状況、入院前、入院時、入院後の支援、主治医との連携も含め保護者と十分に連携しておくことが大切である。そして何よりも子供自身の気持ち、保護者の思いを十分に理解することが大切である。

② 　学校外の外部機関で学ぶ子供

　入院中に子供たちの学習保障を行うための通称「院内学級」と呼ばれている学びの場がある。院内学級は小中学校の特別支援学級、特別支援学校が病院内に設置されている場合と病院に特別支援学校の教員が派遣される訪問教育がある。「院内学級」の子供たちは、病気の状態や治療により、一時的には原籍校から転出という形を取っているが、原籍校との間を何度も往き来し、転出入を繰り返している子供たちが多い。しか

しながら現在学校では、まだまだこのような子供たちへの理解や支援が十分であるとは言えない。

　教職員でさえ、このような学級があることを知らない場合もある。特に進級と入院が重なっている場合においては、学級の子供も当事者に会ったことがないなど、忘れられがちになってしまうこともある。原籍校に復学時、復学後に「原籍校に戻った時の学習保障ができない」「復学後不登校になってしまった」など、スムーズな復帰のためにしておくべきことのガイドラインが確定していないことも指摘されている[3]。復学の際には保護者を含めた（可能であれば本人も含める）関係者の会議を開き、復学の際の環境調整を行うことが必要である。養護教諭はたとえ学校に来ていない子供であっても常に担任を介して、保護者との連携を行っておく必要がある。

（3）子供や保護者の思いをつなげていく役割

　通常、学級担任は1年ないしは2年で子供の担任から離れる場合がほとんどであるが、養護教諭の場合は、転勤などがなければ、その子供について長期にわたり支援が可能となる。そのため、学校の中では唯一子供や保護者の思いやこれまでの経過について次の担任や学年につなぐことができる大事な存在である。そのためには前述したように記録を残しておくことが大切であり、それらの内容について定期的に保護者と共にこれまでの支援を振り返っておくことも重要である。進級の際には、事前に保護者や新担任、学年主任も含め、必ず養護教諭も同席するようにし、これまでの経過について情報交換を行っておくことが大切である。特に、病気等でほとんど学校に来ていない子供については保護者も相談しにくいことが予測される。たとえ学校に来ていなくても定期的に面談を開き、現在の様子や子供や保護者の思いを聞く機会を設定するなどの配慮が必要である。

（4）学校内外の人や機関のパイプ役としての存在

　保護者によっては、経済的な問題、または保護者自身が重篤な疾患を抱えているなどいくつもの深刻な背景を持っていることもある。その場合、より専門的レベルでの他職種、機関との連携が必要とされる。養護教諭自身が特別支援教育コーディネーターを兼ねている場合もあるが、特に子供の身体に関わることに関して様々機関や人材に関する情報を多く持ち、学校内外の人や機関のパイプ役となる場合が多いため、養護教諭は学校内外の人や機関のパイプ役として重要な役割を担っている存在である。

【参考文献】
鎌塚優子（2017）「インクルーシブ教育における養護教諭の専門性」『日本健康相談活動学会誌』12巻1号
内閣府：平成28年版子供・若者白書
文部科学省：平成27年度文部科学白書
日本性教育協会：現在性教育研究ジャーナル、No.60、2016
「学校生活管理指導表（アレルギー疾患用）活用のしおり～教職員用～」財団法人日本学校保健会監修（文部科学省スポーツ・青少年局学校健康教育課）

【注】
1）日本学校保健会（2004）「保健室の機能と保健室経営」『養護教諭の専門性と保健室の機能を生かした保健室経営の進め方』p.11
2）全国特別支援学校病弱教育校長会（2010）「病気の児童生徒への特別支援教育　病気の子どもの理解のために」国立特別支援教育総合研究所
3）谷口明子（2011）「病弱教育における教育実践上の困難－病院内教育担当教師たちが抱える困り感の記述的報告－」『教育実践研究』11、pp.1-7

第 **8** 章

福祉・医療と教育の連携

東洋大学 教授
滝川国芳

1 障害者施策と福祉制度・教育制度の変遷

　日本の障害者施策は、昭和56 (1981) 年の「完全参加と平等」をテーマとした国際障害者年、昭和57 (1982) 年の障害者に関する世界行動計画、昭和58 (1983) 年から平成4 (1992) 年の国連・障害者の十年を契機として、ノーマライゼーションの考え方の浸透を背景に、それまでの施設入所中心の施策から、脱施設化そして地域生活支援の施策へと変化してきた。平成29年度障害者白書によると、18歳未満の身体障害者、知的障害者の総数が7.6万人、15.9万人で、そのうち在宅者がそれぞれ、7.3万人 (96%)、15.2万人 (96%) であり、脱施設化の流れは顕著である。このような変化の中、障害者基本法や児童福祉法の改正が行われ、障害者総合支援法が新たに施行されるなど、矢継ぎ早に制度改革が行われ、当事者主体の障害者地域生活支援の充実が図られている。どんなに障害が重くても、必要とするサービスを利用しながら、障害のある本人が希望する地域で生活する共生社会の実現を目指しているのである。

　教育においては、昭和54 (1979) 年に養護学校教育の義務制と養護学校の教員が家庭や医療機関、当時の重症心身障害児施設等を訪問して教育を行う訪問教育が実施され、どんなに障害が重くとも教育の機会が保障される教育体制が整った。平成5 (1993) 年からは通常の学級に在籍する軽度の障害のある児童生徒が、授業の一部を特別の指導により特別の場で行う通級による指導が実施された。また、LD、ADHD、高機能自閉症等の発達障害により学習や生活の面で特別な教育的支援を必要とする通常の学級に在籍する児童生徒の存在も周知されるようになった。平成19 (2007) 年4月に学校教育法等の一部を改正する法律が施行され、特殊教育から特別支援教育へ移行した。

　平成20 (2008) 年に発効した国際連合の「障害者の権利に関する条約」の批准に向けて、教育分野においては、平成25 (2013) 年9月に学校

教育法施行令の一部を改正する政令が施行され、障害のある子供の就学先を決定する仕組みが改正された。就学基準に該当する障害のある子供は特別支援学校に原則就学するという従来の就学先決定の仕組みを改め、障害の状態、本人の教育的ニーズ、本人・保護者の意見、教育学、医学、心理学等専門的見地からの意見、学校や地域の状況等を踏まえた総合的な観点から就学先を決定する仕組みへと改められたのである。

このように、障害のある児童生徒の生活の場が在宅となり、家庭を中心とする生活圏域において、行政による福祉サービスと医療サービスそして教育の提供が求められている。そのため、一人の子供に関わる福祉関係者、医療関係者、教育関係者が連携して、子供の成長、発達に寄与する必要が生じている。

2　就学支援における連携

平成 25（2013）年 10 月に文部科学省は、「障害のある児童生徒等に対する早期からの一貫した支援について（通知）」を発出した。これは、障害のある子供の就学先を決定する仕組みが改正されたことにより、市町村教育委員会に対して、乳幼児期から学校卒業後までの一貫した教育相談体制の整備を進めることを求めたものである。そのためには、医療、保健、福祉、労働等の関係機関と連携を図ること、幼稚園、保育園等の関係機関と連携し、障害のある児童生徒やその保護者に対して、就学に関する手続等について十分な情報の提供を行うこととしている。

さらに、認定こども園・幼稚園・保育所において作成された個別の教育支援計画等や、障害児相談支援事業所で作成されている障害児支援利用計画や障害児通所支援事業所等で作成されている個別支援計画等を有効に活用しながら、適宜資料の追加等を行った上で、障害のある児童生徒等に関する情報を可能な限り一元化し、「個別の教育支援計画」「相談支援ファイル」等として小中学校等へ引き継ぐなどの取組を進めていく

ことが適当である、としている。適正な就学支援のための福祉と教育との密接な連携、障害のある子供の健康状態、予後等に関する医療関係者からの情報提供によって、新たな就学先決定の仕組みが機能するのである。

3　学校での個別の教育支援計画の作成と活用における連携

　個別の教育支援計画は、医療、福祉、労働などの他機関との連携を図るための長期的な視点に立った計画であり、学校が中心となって作成するものである。就学時に引き継がれた個別の教育支援計画等を踏まえて、学校における児童生徒の実態と教育的ニーズの把握を改めて行うとともに、学校卒業後の生活を見据えた個別の教育支援計画を作成する。その際、保護者の了承のもと、就学前に児童生徒を担当していた保健師、ソーシャルワーカー（SW）、訪問看護師、保育士、幼稚園教諭等から学校教育に関係する情報を中心に収集することも、より一層綿密な計画作成のためには欠かせない。併せて、放課後支援サービス関係者、地域障害者職業センターの障害者職業カウンセラー、障害者福祉施設や社会福祉協議会の関係者、福祉行政担当者との情報共有も重要となる。そのため、医療、保健、福祉、教育、労働等の関係部局・機関間の連携協力を目的として、都道府県において広域特別支援連携協議会等を設置したり、地域の実情に応じた規模で支援地域特別支援連携協議会等を設置したりして、情報の共有、連携調整の場としての積極的な活用が期待される。また、個別の教育支援計画は、PDCAサイクルによる評価・改善を継続して行うことが大切であり、日常的に他機関との連携を図ることも重要である。

　平成24（2012）年の児童福祉法の改正を機に、主に未就学の障害のある子供を対象に発達支援を提供するものとして、児童発達支援が位置付けられた。厚生労働省は支援の質の確保とその向上を図るため、「児

童発達支援ガイドライン」を策定し、障害のある子供や保護者の生活全般における支援ニーズに基づいた支援利用計画と具体的な支援内容を記した児童発達支援計画を作成することとしている。同年4月、文部科学省と厚生労働省が連名で発出した事務連絡「児童福祉法等の改正による教育と福祉の連携の一層の推進について」には、「障害児通所支援事業所等の児童発達支援管理責任者と教員等が連携し、障害児通所支援等における個別支援計画と学校における個別の教育支援計画等との連携を保護者の了解を得つつ確保し、相乗的な効果が得られるよう、必要な配慮をお願いします」との記述がある。そのため学校での個別の教育支援計画作成に当たっては、就学前に作成された児童発達支援計画や障害児通所支援事業所等における個別支援計画も参考にすることが肝要である。

4　発達障害児童生徒への対応における連携

　発達障害の定義として発達障害者支援法第2条に、「自閉症、アスペルガー症候群その他の広汎性発達障害、学習障害、注意欠陥多動性障害その他これに類する脳機能の障害であってその症状が通常低年齢において発現するものとして政令で定めるもの」とある。また、発達障害者の心理機能の適正な発達及び円滑な社会生活の促進のために行う個々の発達障害者の特性に対応した医療的、福祉的及び教育的援助を「発達支援」と位置付けている。厚生労働省は、発達障害者の地域支援体制の確立を目指しており、都道府県・指定都市において、発達障害者やその家族に対して、各ライフステージに対応する一貫した支援を行うため、保健所、保育所などの支援関係機関のネットワークを構築するとともに、ペアレントメンターの養成とその活動を調整する人の配置、アセスメントツールの導入を促進する研修会などの実施、家族対応力の向上を支援するペアレントトレーニングや当事者の適応力向上を支援するソーシャル・スキル・トレーニング（SST）の普及を推進している。また、発達障害者

支援センターを設置し、発達障害者やその家族等に対して、相談支援、発達支援、就労支援及び情報提供等を行っている。「子どもの心の診療ネットワーク事業」においては、発達障害や子供の心の問題、児童虐待に対応するため、都道府県域における拠点病院を中核とし、各医療機関や保健福祉機関等と連携した支援体制の構築を図るための事業を実施するとともに災害時の子供の心の支援体制づくりを実施している。

　学校教育においては、平成19（2007）年4月の学校教育法の一部改正により特殊教育から特別支援教育へと転換され、これまでの特殊教育の対象の障害だけでなく、知的な遅れのない発達障害も含めて、特別な支援を必要とする幼児児童生徒が在籍するすべての学校において適切な教育支援が実施されるインクルーシブ教育システムの構築を進めている。各学校においては、発達障害を含む障害のある幼児児童生徒の実態把握や支援方策の検討等を行うための校内支援委員会を設置したり、特別支援教育コーディネーターを配置したりして、全校的な支援体制が確立されてきている。都道府県等においては、インクルーシブ教育システム構築のための体制整備を推進することにより、合理的配慮の質的向上を図ることを目的として特別支援連携協議会や専門家チームを設置し、医療・保健・福祉・労働等との連携強化を図っている。

　このように福祉、医療と教育が発達障害児童生徒への体制を進めている中で、学校側と福祉機関、医療機関との情報交換や連絡調整体制の構築をより一層進めて、発達障害児童生徒の早期発見、早期支援に努めるとともに、発達障害の二次障害の予防と軽減につながることが期待される。

小児慢性特定疾病児童等自立支援事業における連携

　疾患の治療方法の確立と普及、医療費の自己負担分を補助することにより慢性疾患のある子供の家族の医療費負担軽減に資することを目的と

する小児慢性特定疾患治療研究事業が、昭和49（1974）年度から開始した。この事業は、平成27（2015）年1月に児童福祉法の一部を改正する法律により、児童福祉法に基づく小児慢性特定疾病対策となり、医療費助成に加え、都道府県、指定都市、中核市を実施主体として新たに自立支援事業が開始された。

　自立支援事業は、幼少期から慢性的な疾病にかかっているため、学校生活での教育や社会性の涵養に遅れが見られ、自立を阻害されている児童等について、地域による支援の充実により自立促進を図ることを目的する事業である。参議院での法案可決の際に付された附帯決議に、長期入院児童等に対する学習支援を含めた小児慢性特定疾病児童等の平等な教育機会の確保が明記されたこともあり、任意事業として、福祉の分野においても慢性疾患のある子供の自立に欠くことのできない学習支援を行うことが可能となった。

　なお小児慢性特定疾病の子供は、特別支援学校（病弱）、病弱・身体虚弱特別支援学校だけでなく、他の障害種の特別支援学校や特別支援学級、そして小学校・中学校・高等学校の通常の学級に在籍している。必須事業として相談事業が位置付けられており、新たに配置された小児慢性特定疾病児童等自立支援員等が、小児慢性児童生徒等を受け入れる学校等から相談への対応、疾病について理解促進のための情報提供と理解啓発を行うこととなった。また、この事業においては、自立・就労の円滑化を図るための個別支援計画作成を自立支援員が行うこととされている。そのため今後は、自立支援員と学校の特別支援教育コーディネーターや養護教諭との連携が不可欠となる。この事業に当たっては、慢性的な疾病を抱えている子供を取り巻く地域の実情や課題等を共有するために、医療・教育・労働・福祉の多職種関係者、患者団体等の当事者が集まる慢性疾病児童等地域支援協議会等の設置が進められている。

6　小児在宅医療と医療的ケアにおける連携

　平成17（2005）年8月に厚生労働省から発出された通知「母子保健医療対策等総合支援事業の実施について」に基づいて、各都道府県は周産期母子医療センター及び搬送体制の整備等を行い、母体又は児におけるリスクの高い妊娠に対する医療及び高度な新生児医療等の周産期医療が整備されるようになった。厚生労働省人口動態統計によると、年間1000出産あたりの生後1年未満の死亡数を示す乳児死亡率（実数）は、2005年が2.8（2958人）、10年後の2015年が1.9（1916人）と大きく減少している。前田（2015）は、周産期及び新生児医療の進歩によって救命率が上昇する中、子供たちはNICU（新生児集中治療室）に長期にとどまり、NICUの満床問題を起こし、その子供たちが今、病院から地域へと移行しつつある、と述べている。こうして地域において在宅医療や医療的ケアの対象となる子供が急増することとなった。このような背景から、全国の公立特別支援学校において医療的ケアが必要な幼児児童生徒数は、2006年度が5901人、2011年度が7306人、2016年度が8116人と年々増加している。また、公立小中学校において医療的ケアが必要な児童生徒が、2016年度766人在籍しており、今後も増加することが推測される。

　家庭において在宅医療を必要とする子供が、特別支援学校に就学すると教育活動中に医療的ケアが必要となる。特別支援学校における医療的ケアは、主治医等からの指示書のもと、学校に配置された看護師によって、加えて所定の研修を終えた教師が看護師と連携協力することによって実施されている。そのため、医療的ケアに対応した校内医療的ケア運営委員会を設けたり、医療的ケアに精通した医師による学校巡回指導や委員会での指導助言を受けたりしている。また、日頃から、地域の医療機関、保健所、消防署等の関係機関との連絡体制を整備するなど医療的

ケア実施体制の構築を図っている。学校設置者である都道府県においても、医療・保健・福祉関係者を含む医療的ケア運営協議会等を設置するなどして、各学校への実施体制に指導・助言を行っている。

7 障害児入所支援における連携

　障害児入所支援とは、福祉型障害児入所施設と医療型障害児入所施設を指す。平成24（2012）年4月の児童福祉法の一部改正によって、障害児入所支援として、それまで障害種別等に分かれていた障害児入所施設について一元化され、知的障害児施設、盲ろうあ児施設、肢体不自由児施設、重症心身障害児施設は、新たに福祉型障害児入所施設と医療型障害児入所施設、指定医療機関として位置付けられた。障害児入所支援は、重度・重複障害や被虐待児への対応を図るほか、自立（地域生活移行）のための支援の充実を目的としており、18歳未満の身体に障害のある児童、知的障害のある児童又は精神に障害のある児童（発達障害児を含む）を対象としている。

　これらの施設に入所する児童は、施設に併設された特別支援学校、施設内に設置された特別支援学校、特別支援学校による訪問教育のいずれかによって学校教育を受けることとなる。そのため、児童の教育を行うに当たり、施設の児童発達支援管理責任者のほか、児童指導員、保育士、医師、看護師、理学療法士、作業療法士、職業指導員、心理指導担当職員など医療、福祉等の多職種の専門職との連携と協働が欠かせない。また、障害児入所支援においては、児童発達支援管理責任者が作成する個別支援計画を踏まえた支援の提供を目指しており、特別支援学校の特別支援教育コーディネーターが中心となって、学校における個別の教育支援計画との相互の連携を確保することが求められる。

【参考文献】
前田浩利（2015）「第6章1．小児在宅医療の課題と展望」『公益財団法人在宅医療助成勇美記念財団在宅医療テキスト（第3版）』
http://www.zaitakuiryo-yuumizaidan.com/textbook/pdf/6-1.pdf
（2017年6月30日閲覧）

第9章

実践編

● 事例1 ●

幼稚園におけるコンサルテーションの実際

筑波大学附属大塚特別支援学校 教諭　**若井広太郎**

 ## 地域における連携とコンサルテーションの背景

　筑波大学附属大塚特別支援学校（以下、本校とする）では、13年間、学校の所在地である文京区と連携し、地域における特別支援教育の充実に向けたセンター的役割を担ってきた。図1に、文京区と本校との特別支援教育に関する連携の概要を示す。本校支援部及び幼稚部で特別支援教育コーディネーターを担う教員は、文京区教育委員会より、特別支援教育に関する専門家チームとして委嘱を受けている。そして区内保育園、幼稚園、小中学校に出向いての行動観察や担任の先生を中心としたコンサルテーション、研修会の講師などの役割を担っている。

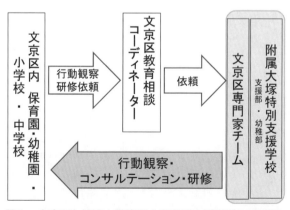

図1　文京区と筑波大学附属大塚特別支援学校の連携図

2 新米コーディネーターとしての私

　私自身は、特別支援学校に勤務して今年で14年目になる。そのうち11年間小学部で勤務をし、一昨年度から支援部に校内異動になり、特別支援教育コーディネーターとしてスタートした。まだコーディネーター歴3年にも満たない新米である。スタートした当時、校内における特別支援教育コーディネーターの同僚には、自分より数年前にコーディネーターになった先輩教員と、本校支援部が発足した初年度からコーディネーターとして勤務しているベテラン教員の2名がいた。コーディネーターの「イロハ」の「イ」もまだよく分かっていなかった1年目の前半は、2人の同僚の後に付いていき、幼稚園や小学校での行動観察や担任の先生へのコンサルテーションを見て学ぶ「見取り稽古」のような状態であった。しかし、1年目の後半から、私自身も幼児や児童の行動観察を行い、担任の先生と対話をする機会が増えてきた。それまで校内で授業を行うことが中心だった私にとって、学校の外に出て他校の先生と対話をするのはとても緊張することであった。程度の差はあれ、特別支援教育コーディネーターになったばかりの先生の多くは、おそらく同じように感じているのではないかと思う。本項では、特別支援学校における新米コーディネーターが経験した、いくつかのコンサルテーションのエピソードを事例として紹介したい。その上で私自身が感じた、また本校の同僚と話し合ったことを通して、幼児の支援をめぐるコンサルテーションについての「大切なこと」を考えてみたい。

3 幼稚園における行動観察とコンサルテーションの流れ

　専門家チームとして依頼を受け、幼稚園での行動観察やコンサルテーションを行う際の1日の流れの例を表1に示す。幼稚園に訪問し、まず

表1 ある幼稚園における一日の流れの例

時間	内容
9:30-	幼稚園訪問 園長先生との打ち合わせ（事前ミーティング）
10:00-	園児の行動観察 ・自由遊び場面 ・設定場面（リトミック、絵本の読み聞かせ） ・昼食、着替え、身支度など
	（途中、タイミングをみて、昼食をとる）
14:00-	園長先生、担任の先生との話し合い （事後ミーティング、コンサルテーション）

＜事前情報＞
＜観察記録＞
＜担任からの情報＞
＜コンサルテーション＞

図2　コンサルテーションの記録表

園長先生から最近の幼児の生活や遊び、学習の様子などについてお話をうかがう。それを基に、観察をする行動や場面、担任の先生にどのような形でフィードバックをするかなどについて、事前の打ち合わせ（作戦会議）を行う。次に事前の打ち合わせに基づいて、幼児の行動観察を行う。自由遊びの場面、音楽的な活動や運動的な活動、制作活動など設定された場面、身支度や昼食などの生活場面など、その日一日の日課に沿って、幼児の生活や学習の様子を観察する。観察をする際には、ポイントを絞って様子を見たり、まとめたりしやすいように、図2の「コンサルテーションの記録表」や図3の「行動観察の記録表」のような様式の表を活用することもある。

　途中、タイミングを見て昼食をとり、記録を整理する。幼児が降園した後、園長先生や担任の先生に行動観察の結果をフィードバックしたり、一緒に話し合ったりする時間を設け、事後ミーティング（コンサル

第9章 実　践　編
●事例1　幼稚園におけるコンサルテーションの実際

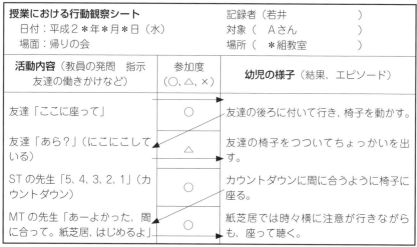

図3　行動観察の記録表（記入例）

テーション）を行っている。

 新米コーディネーターが経験したコンサルテーションのエピソード

　個人が特定されないように、いくつかの出来事を合わせて記述している。また、登場する人たちの名前は仮名である。

(1) エピソード①：「一方的な情報提供」

　コーディネーター1年目に訪問した幼稚園で、行動観察をした後に2名の担任の先生とミーティングをすることになった。とても緊張していた私は、1時間のミーティングのうち、ほとんどの時間を記録のフィードバックに費やしてしまった。自分が見たこと、記録したこと、感じたことをしゃべり通してしまったのである。担任の先生は頷いて聞いてくださっていたが、同席していた同僚から、「もう少し相手の話を聞いてみるとよいかもしれない。一番子供たちのことをよく見ているのは、担任の先生なのだから」とアドバイスを受けた。ミーティングの後で振り

返ってみると、コーディネーターという役割を果たすために、答えを出さなくてはならないという思い込みや、何かを話さなければならないというプレッシャーがあったように感じた。私が観察した時間は、毎日の幼稚園での生活のごく一部を切り取ったものである。記録を基に対話のポイントを絞りつつも、日々の子供たちの様子を一番よく把握している担任の先生からはどのように見えているか、どのように捉えて変化を感じているかを投げかけ、双方向的に対話をすることの重要性を痛感したエピソードであった。

(2) エピソード②：「先生の本音への共感」

　年中クラスに在籍していたタロウくんという男の子を数回にわたって行動観察をしたときのことである。当初、タロウくんはまだ集団活動に入ることが苦手で、クラスのみんなで一緒に何かをしようという際には、雰囲気を察して、ぱっと部屋の外に飛び出してしまうことがあった。そのため、担任補佐のカナ先生がタロウくんのそばについて、部分的にクラスの友達と一緒にできるように個別に促したりする支援を行っていた。

　ある日のお弁当の時間にも、タロウくんはやはりカナ先生に促されながら、手洗いやコップなどの準備を行っていた。しかし、前回観察をしたときと少し様子が違っていることに気付いた。以前は活動に参加するのを拒み、教室を走り回る様子が多く見られていたのが、そばについて支援をしてくれるカナ先生の表情をチラチラと見て確認をする様子が見られたためである。また、自由遊びの場面では、カナ先生の横にくっついてリラックスをしている姿も見られた。

　降園後、担任の先生、補佐のカナ先生とのミーティングの時間にそれらの様子を伝えると、担任の先生からも、近頃タロウくんがカナ先生と良好な関係を築けているというお話があった。一方でカナ先生ご自身からは、タロウくんとの関わりについて、実は悩んでいるということが語

●事例1　幼稚園におけるコンサルテーションの実際

られた。頼られるようになったのはありがたいが、自分がいつも側にいることで、タロウくん自身ができることを阻んでしまうのではないかという悩みであった。そのとき、私はカナ先生の本音を聞いたように感じた。そして、私自身もかつて同じような悩みを経験したことを思い出した。先生の悩みに共感をしながら、まずはタロウくんが先生の応答を期待できるようになったことが大きな変化であることを伝えた。そして今後は、タロウくんが「自分でできた！」という気持ちを受け止めてもらったり、「困ったぞ……」というときに助けを求めたりする関わりへと広がることで、自分で活動に取り組む意欲が高まる可能性があることを伝えた。また、担任の先生からは、よりいろいろな先生とタロウくんとの関係へと広がるように、場面によって個別の支援を行う役割を交代しながら行うというアイデアが提案された。

　半年後、再びタロウくんの様子を見に行くと、運動会で年少クラスの子供たちにメダルを手渡す係の練習を意欲的に行う姿が見られた。対話の中で先生の本音を聞けたこと、またその上で子供の育ちを支える具体的なアイデアを共に考えられたことは、私にとって大切な経験となった。

（3）エピソード③：「相互に気付きや学びのあるコンサルテーション」

　年中の女の子リサちゃんの生活や遊びの様子について、担任のユリ先生とミーティングをしたときのことである。私はユリ先生とお話ができることを楽しみにしていた。一つには行動観察をしていて、リサちゃんがクラスの友達と積極的に関わる様子を見たからであった。それまでは大人との関わりが中心で、友達から誘いかけられても先生の陰に隠れてしまうことが多かった。ところがその日のリサちゃんは、自由遊びの場面で自分から友達に近付いていって手をつなごうとしたり、運動会のダンスの練習で隣の友達を見ながら真似をして踊ったりする様子が見られた。そのことをユリ先生に伝えると、最近仲の良さそうな友達が増えてきたこと、表情の可愛らしい子が好きで、リトミックのときにも手をつ

なぎたいとリサちゃんから伝えるようになったとの報告があった。また、年少の友達が入園してきたこともあり、友達のお世話をしてあげたいという気持ちが育ってきたこともうかがった。そのとき、ユリ先生が私に次のように話してくださった。「年中組の子供たちって興味深いですよ。話をしていて、『なるほどねー』と感心することが結構あるんです。一つ上の年長組の子供たちの様子を見て、憧れを持ったり、役割を担いたがったりするんですよ。だから、クラスの子供たちを連れて、年長組や年少組に訪問をする機会をなるべくつくるようにしています」。ユリ先生を始め、ベテランの先生とお話をする際に、こうした幼稚園における「先生の発見」や「クラス間の活動のつながり」などについて教えていただく機会は多い。私がユリ先生との話を楽しみにしていた二つ目の理由はそこにあった。

　コンサルテーションとは、「異なる専門性をもつ複数の者が、援助対象である問題状況について検討し、よりよい援助の在り方について話し合うプロセス」であると示されている。また、コンサルタントとコンサルティの関係について、「それぞれ専門家と捉える」こと、「特に学校コンサルテーションでは、コンサルティは、教育実践や教育管理の専門家であると考える」ことが挙げられている（国立特別支援教育総合研究所、2012）。

　子供たちにとってのより豊かな生活や学びの場を整えることは、コンサルテーションの一番の目的である。また同時に、子供たちの育ちの姿を基にして多くの先生とやりとりをする経験を通して、私自身が幼稚園の実践（内容や活動）について様々なことを知り、学ぶことができた。

 ## 幼稚園におけるコンサルテーションで大切にしていること

　幼稚園におけるコンサルテーションに参加をする際に、普段から私たちが大切にしていることが二つある。

●事例1　幼稚園におけるコンサルテーションの実際

　一つは観察したことを基に子供たちの様子を具体的に伝えることである。様子をより具体的に伝えるためには、観るべき行動や場面を明確にする必要がある。前述したように、観察前のミーティング（作戦会議）で園長先生や担任の先生に尋ねたり、確認をしたりする時間があると、絞って観察や記録がしやすい。またその一方で、幼児の言動は、体調や環境、家庭生活など他の場面の影響を受けて変化をすることがよくある。例えば観察をしていて「今日は何だか元気がないな」と感じたときに、睡眠不足であったり、朝食を食べられていなかったり、登園前に家で叱られていたりしたことを、後に担任の先生から聞くことがある。観察をした言動は、生活の限られた一部分として捉え、その変化や、担任の先生が持つ情報などと合わせて考えることが大切である。

　もう一つは、コンサルティとしてコンサルテーションに参加をする先生たちを力付けることである。これは、他校の特別支援教育コーディネーターの先生たちと情報交換をした際に、同じように大切にしているという声が多かった。まず、コンサルティの考えや見立て、意見を認めて尊重すること、その上で困っていることやよくしたいと思っていることを聞き出すこと、具体的な解決のアイデアを一緒に考えることは、子供たちに直接支援できる先生たちを力付けることにつながる。私たちがうかがった幼稚園の中には、担任の先生や補佐の先生、園長先生に加えて、他のクラスの先生が事後ミーティングに加わり、支援ニーズのある子供たちの話をするというところもあった。そこでは、前年度担任をした先生が育ちの様相を話してくださったり、預かり保育を担当する先生が放課後の様子を伝えてくださったりする。そのようなときに、先生たちのチームワークや結束力が私にも強く感じられる。コンサルテーションに自分も参加できて、本当によかったと感じられるときである。

【参考文献】
国立特別支援教育総合研究所（2012）教育相談情報提供システム
　http://forum.nise.go.jp/soudan-db/htdocs/

● 事例2 ●

小学校におけるコンサルテーションの実際

さいたま市立さくら草特別支援学校 教諭　**米沢谷　将**

1　小学校へのコンサルテーションの基本的視点

　小・中学校の通常の学級には、発達障害の可能性のある特別な教育的支援を必要とする児童生徒が6.5％程度在籍している（文部科学省、2012）。このことから、通常の学級の教員は、どの学級にも特別な支援を必要とする児童生徒が在籍していることを前提とした指導・支援を展開することが求められている。

　しかしながら、下無敷・池本（2008）は、小・中学校教員への意識調査から、多くの教員が特別支援教育への意識が高まっているものの、特別支援教育の専門性が必要な場面では4～5割の教員に実施への戸惑いが見られ、専門性の高いバックアップ体制の構築が課題だとしている。米沢ら（2011）は、公立小学校の通常の学級担任を対象とした調査から、特別支援教育を円滑に推進していくためには、学級担任への支援の取組が行われていることに加え、そのような取組が有効に機能することが重要だとしている。つまり、児童への支援方法を検討する仕組みが設けられ、その効果を評価する機会を設定する必要がある。このような仕組みの一つとしてコンサルテーションが挙げられる。

　ここでは、別府（2012）の小学校における児童の特別な教育的ニーズと教師の指導困難から引用し、小学校におけるコンサルテーションの基本的視点について述べる。

86

小学校低学年：児童が集団生活への不適応を起こしている背景を探り、教師が指導困難を抱えがちな多動や衝動的行動に対しては、目の前の行動の解決のみにとらわれないような担任教師へのコンサルテーションを行うこと。

小学校中学年：学習困難や集団の中でのトラブルといった顕在化する問題への対応に合わせ、客観的な自己認識が強まるため、自尊心の低下や本人自身の不適応感が関与していることを考慮したコンサルテーションを行うこと。

小学校高学年：二次的な問題として著しい不適応行動を起こしている児童を担当する教師が、その対応に追われることも少なくないため、学校内外の専門職と連携を行いながら、児童理解の深化と教師支援を検討していくコンサルテーションを充実させること。また、対象児童の対応とあわせ、周りの児童との関係づくりを進める実践への支援を行っていくこと。

以上のことから、小学校における通常の学級の担任を支える仕組みとしてコンサルテーションの充実を図るとともに、児童の発達段階を踏まえた支援方法の検討が求められる。

 実践例（小学校１年生通常の学級担任へのコンサルテーション）

（１）コンサルタント

コンサルタントは筆者で、教職経験12年目の特別支援学校の教員（小学校通常の学級の担任経験あり）であった。

（２）コンサルティ

コンサルティは、小学校１年生通常の学級を担任する教職経験２年目の教員であった。学級担任としての経験は１年目であった。

(3) 学級全体の児童及び対象児

　コンサルティが担任する学級では、授業中に複数の児童に離席や私語などの不適切な行動が見られた。行動観察の結果から、授業中の問題行動は、何をすればよいか不明確な状況で起きやすく、友達や教員に注目されたいという欲求から起きていると考えられた。また、対象児は、状況の読み取る力の弱さ、注意・集中の困難、不器用さがあると推測された。

(4) 計　画

　合計5回のコンサルテーションを実施した。コンサルテーションへの参加者は、コンサルティを含むA小学校1学年教員3名であった。コンサルテーションの留意点は、コンサルティの教職経験や支援の状況、学級の児童及び対象児の実態を考慮し、以下の3点とした。
　第1の留意点は、学級全体の児童を対象とした支援方法から通常学級内での個別支援の方法について段階的に検討することであった。
　第2の留意点は、コンサルティの教職経験と学級の実態を考慮し、実行可能かつ有効と思われる内容から段階的に支援を提供することであった。
　第3の留意点は、徐々にコンサルティもしくは校内の教員で問題解決できるように支援を展開することであった。
　コンサルテーション1回あたりの所要時間は60分程度であった。コンサルタントが授業中の行動観察を行った後、コンサルテーションを実施した。コンサルテーションの流れ（**図1**）は、「児童の実態の整理・コンサルタントからのデータの提示」「参加者による協議」「今後の支援方針の確認」「対象校の管理職への報告」「コンサルタントから対象校への議事録の送付（約1週間後）」とした。

第9章　実　践　編
●事例2　小学校におけるコンサルテーションの実際

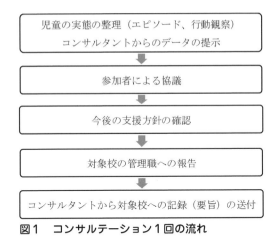

図1　コンサルテーション1回の流れ

（5）コンサルテーション（5回）の概要

合計5回のコンサルテーションの概要を**図2**に示した。各回の内容は以下のとおりであった。

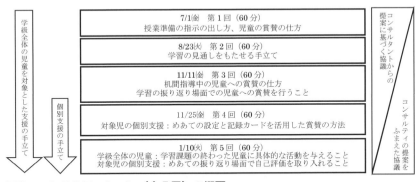

図2　コンサルテーション（全5回）の概要

第1回：学級全体の児童及び対象児の実態について、コンサルティからのエピソードや筆者が行った行動観察の結果から整理した。その結果に基づき、筆者からの提案に基づいた協議を行い、学級全体の児童を対象とした「授業準備の指示及び児童への賞賛の仕方」について検討した。協議の結果、授業準備の指示については、前の授業の終わりに確認する

89

図3　絵カード（授業準備の仕方）

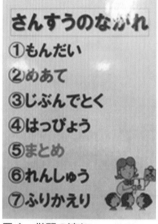

図4　学習の流れ

こと、絵カード（図3）を提示しながら指示することとした。また、授業開始時に学級全体の児童の授業準備行動の達成状況を確認し、達成できたことをほめることとした。

第2回：筆者から学級全体の児童及び対象児の授業準備行動の達成状況に関するデータを参加者に提示し、支援の有効性について確認した。協議では、筆者からの提案により、学級全体の児童を対象とした「学習の見通しをもたせるための手立て」について検討し、実施することとなった。具体的には、1時間の学習の流れカード（図4）を提示し、授業の導入で確認することとした。

第3回：筆者から学級全体の児童及び対象児の授業準備行動の達成状況と離席行動の二つのデータを提示した。協議では、筆者から学級全体の児童を対象とした支援方法の案を二つ提示した。一つは「分かりやすい板書の工夫」、もう一つは「児童の学習活動への賞賛の仕方」であった。それぞれの有効性について筆者から説明した上で、参加者による協議を行った。協議の結果、コンサルティは、支援の有効性や実効性を考慮し、「児童の学習活動への賞賛」に取り組むこととした。具体的には、机間指導中に丸付けやスタンプなどによるフィードバックを行うこと、授業の振り返り場面で児童のよかったところを賞賛することとした。

第4回：筆者から学級全体の児童及び対象児の授業準備行動の達成状況と離席行動の二つのデータを提示した。協議では、筆者からの提案に

●事例2　小学校におけるコンサルテーションの実際

基づき、対象児の個別支援の方法について検討することとした。コンサルティからの聞き取り及び行動観察に基づき、対象児の実態について整理し、支援の手立てを検討した。整理した実態を踏まえ、参加教員から、対象児への「めあての設定と記録カードを活用した賞賛の方法」が提案され、実施することとなった。具体的には、設定した三つのめあて（①授業の準備をする、

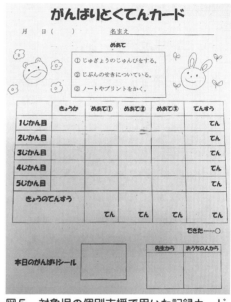

図5　対象児の個別支援で用いた記録カード

②自分の席に着いている、③ノートやプリントを書く）の達成状況について、コンサルティが、毎授業時間後（1日5回）、記録カード（図5）に記入し、下校前に対象児との振り返りを行うこととした。また、記録カードは、児童が家庭に持ち帰り、保護者からも達成したことを賞賛してもらえるようにすることとなった。

第5回：筆者から学級全体の児童及び対象児の授業準備行動の達成状況と離席行動の二つのデータを提示した。協議は、コンサルティの提案に基づき進められた。コンサルティからの提案内容は、「学習課題が早く終わって離席をする児童への対応方法」及び「対象児の支援方法の見直し」であった。協議の結果、学習課題の終わった児童に具体的な活動を与えることとした。参加者からは、「学習課題の終わった児童に発表用のシートを配り、自分の考えを書くようにすること」「問題の解き方が分からない児童に教える役割を与えること」などの意見があった。また、対象児については、第4回コンサルテーション後に開始した個別支

援の評価方法に変更を加え、少しずつ自己評価を取り入れることとした。

（6）コンサルティの変容

学級の児童全体を対象とした支援：コンサルティの18の支援策の実行状況を**表1**に示した。コンサルティの支援の実行状況は、BL期では、平均3項目であった。コンサルテーション実施以降、コンサルティは、実施することとなった支援をほぼ実行した。介入Ⅰ期は平均2.5項目、介入Ⅱ期は平均7.8項目、介入Ⅲ期は平均11項目、介入Ⅳ期は平均12項目、介入Ⅴ期は平均13項目と徐々に支援の実行状況が高まった。

対象児への個別支援：介入Ⅳ期から、コンサルティは対象児への個別支援を開始した（**図6、図7**）。設定した三つのめあての達成状況について、コンサルティが毎授業時間後（1日5回）記録表に記入した。また、コンサルティは、下校前に対象児との振り返りを行い、言語やシールでの賞賛を行った。介入Ⅴ期では、同様の支援を継続しながら、少しずつ対象児による自己評価を取り入れた（**図6、図7**）。

表1　コンサルティの18の支援策の実行状況

支援策	BL期	介入Ⅰ期	介入Ⅱ期	介入Ⅲ期	介入Ⅳ期	介入Ⅴ期
（1）授業開始前に準備する用具を確認する。（言語、絵、文字など）						
（2）準備状況を確認し、児童への評価や支援をする。						
（3）学習の流れを示す。						
（4）問題とめあてを黒板に示す。						
（5）問題文の視覚化（絵、写真など）または動作化を取り入れる。						
（6）活動の始まりと終わりを明確にする。（時計やタイマーの活用）						
（7）早く解き終わった児童の活動を提示する。（発表の準備、ドリルなど）						
（8）多様な方法で取り組ませる。（文、絵、図、ブロックなど）						
（9）机間指導中に児童の取組を評価する。（丸つけ、シール、スタンプなど）						
（10）児童がペアやグループで発表し合える場面を設ける。						
（11）児童の考えを視覚化する。（板書、発表用シートの活用など）						
（12）まとめを黒板に示す。						
（13）児童が学習の成果を振り返る機会をもつ。						
（14）授業に関係のない情報は黒板から取り除いておく。						
（15）学習過程がある程度パターン化されている。						
（16）指示・説明・発問を具体的かつ簡潔にする。						
（17）声の大きさや抑揚を変化させ、ポイントを強調する。						
（18）非言語的なコミュニケーションを活用する。（身振り、表情など）						

※1　支援方法18項目は、BL期の観察から筆者が作成した。
※2　支援の実行状況は、ビデオ記録に基づき、算数の授業1単位時間のコンサルティの支援の実行の有無について記録した。

　　　　…実行した

第9章 実践編
●事例2　小学校におけるコンサルテーションの実際

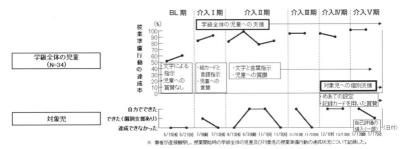

図6　学級全体の児童及び対象児の授業準備行動の達成状況

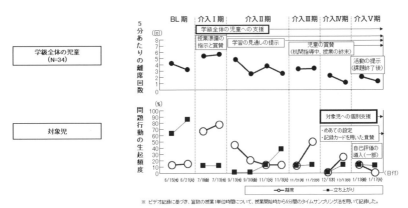

図7　学級全体の児童及び対象児の授業中の問題行動（離席、立ち上がり）

（7）児童の変容

授業準備行動（授業開始時に必要な用具を机上に出しておく行動）：学級全体の児童の授業準備行動の達成率（**図6**）は、BL期では平均54.4%であった。介入Ⅰ期は平均86.7%、介入Ⅱ期は平均84.3%であった。介入Ⅲ期及び介入Ⅳ期の授業準備行動の達成率の平均は90%を上回り、介入Ⅴ期では100%であった。

対象児は、BL期では授業準備行動を達成した日は見られなかった。介入Ⅰ期から介入Ⅲ期では、授業準備行動を自力で達成できる日が見られるようになったが、達成状況は不安定であった。対象児への個別支援を開始した介入Ⅳ期及び介入Ⅴ期の授業準備行動の達成状況は向上し

93

た。

　学級全体の児童及び対象児の授業中の離席等の問題行動について図7に示した。

　学級全体の児童の5分あたりの離席回数（自席から5秒以上別の場所に離れる行動）：BL期の学級全体の児童の5分あたりの離席回数は平均3.9回であった。介入Ⅰ期は平均5.7回へと増加した。介入Ⅱ期は平均3.7回、介入Ⅲ期は平均3.6回と少しずつ減少傾向が見られた。介入Ⅳ期及び介入Ⅴ期は平均2.0回であった。

　対象児の授業中の離席：BL期の対象児の離席頻度は平均13.4%であった。介入Ⅰ期では平均72.2%と増加した。介入Ⅱでは平均22.4%、介入Ⅲ期では平均30.6%であった。対象児への個別支援を開始した介入Ⅳ期では平均12.5%、介入Ⅴ期では6.3%であった。

　立ち上がり行動（自席で立ち上がる行動）：BL期の生起頻度は平均74.1%であった。介入Ⅰ期は平均11.8%、介入Ⅱ期は平均12.5%、介入Ⅲ期は平均11.8%、介入Ⅳ期は6.3%、介入Ⅴ期は11.8%であった。

（8）考　察

　本事例のコンサルティは、教職経験の浅い小学校1年生通常の学級の教員であり、対象学級では、複数の児童に授業中の離席や私語などの行動があった。本事例では合計5回のコンサルテーションを行った結果、小学校1年生通常の学級において、授業中の問題行動を減少させることにつながった。コンサルテーションの手続きとして、①学級全体の児童を対象とした支援から対象児の個別支援を段階的に検討したこと、②継続的なコンサルテーションを実施し、支援方法の評価・改善を繰り返し行ったこと、③コンサルティ及び対象校教員の問題解決能力を高めるために、参加教員の意見を踏まえた協議を行ったことが、コンサルティの支援を有効に機能させることにつながったと考える。

【参考文献】

別府悦子(2012)「特別支援教育における教師の指導困難とコンサルテーションに関する研究の動向と課題」『特殊教育学研究』50(5)、pp.463-472

文部科学省(2012)「発達障害の可能性のある特別な教育的支援を必要とする児童生徒に関する調査結果について」

下無敷順一・池本喜代正(2008)「小中学校教員の特別支援教育に対する意識の変容」『宇都宮大学教育学部教育実践総合センター紀要』31、pp.341-348

米沢崇・岡本真典・林孝(2011)「通常学級担任への支援の有無とその有効度別にみた特別支援教育の展開に関する一考察」『教育実践総合センター研究紀要』20、pp.187-193

● 事例３ ●

中学校におけるコンサルテーションの実際

星美学園短期大学 准教授 **遠藤　愛**

 中学校生徒の支援をめぐるコンサルテーションの基本的視点

　中学校時代の生徒は思春期の入口に立ち、心身ともに急激な変化が訪れる時期を過ごしている。こうした個人内部の変化の他に、①教科目の増大による学習内容の拡大化・複雑化、②他学出身者、先輩・後輩の登場による対人関係の多様化など、生徒を取り巻く学校生活環境も、様々な点で小学校時代とは異なる。「中１ギャップ」を引き起こすこの環境変化は、特別な教育的ニーズを持つ生徒の不安や困難さを増大させる一因である。不登校や非行など、深刻な二次障害を引き起こしやすい時期でもあり、元来有している発達的特徴を考慮した支援のみでは、問題解決につながらないことすらある。よって、教員は教育相談的な視点に立ち、より多面的な生徒理解の観点を持つ姿勢が求められる。特に、生徒の示す行動問題が生じた歴史的経緯として、家庭を含めた生活環境や生育歴、中学校以前の学校体験などの情報は、支援計画を検討する上で欠かせない情報になる。

　また、対象生徒の支援目標を設定する場合も、幅広い視野で検討がなされなければならない。これは、中学校時代には生徒の抱える問題が複雑化・重複化しているために、「スキルの向上」を達成することが難しくなるためである。例えば学習困難の解消を目指す際に、小学校段階での学習のつまずきが深刻であるほど、中学校の学習内容を習得するのは

より困難になる。よって、所定の学習内容の理解よりも、「板書を写す」「ノートを作成する」「プリントや教科書を参照し作業する」といった「学習行動」の定着を図り、授業中の参加率を高めていくことが重要になる場合もある。対人関係の問題においても、対象生徒のソーシャルスキルの向上のみに着目した支援では、同年代の生徒と仲間関係を築いていくまでに至りにくい。支援の場所を所属学級のみにとどめるのではなく、部活や委員会を含めた対象生徒の居場所づくり、仲間づくりなど、環境調整についても検討する必要があるだろう。

　特別なニーズのある生徒のこうした深刻なつまずきをよそに、中学校は小学校に比べて、通級指導教室の設置数が約5分の1であり（文部科学省、2015）、個別的支援の機会も減少してしまう。あるいは、通級指導教室が利用できる環境にあっても、他者の目線を気にして通級指導教室を利用しないなど、思春期特有の心性も影響する。こうした状況も踏まえ、通常学級での特別支援教育の支援体制を充実化させる必要があることは、想像にかたくない。

　しかし通常学級では、教科担任制という指導形態上、学校が生徒の全体像をつかみにくく、その実態について教員内でも評価が一致しにくい（玉井、2008）。そのため、特別なニーズを持つ生徒への関わりが教員によって異なり、結果的に対象生徒の困難状況が改善されにくい。よって、中学校における特別支援教育は、対象生徒と関わる様々な関係者が支援チームを組み、情報収集、支援計画の立案・実施に取り組むことが望ましい。もちろんコンサルテーションの協議場面では、対象生徒の担任教員だけでなく、学年会・教科会などとの連携を考慮し参加メンバーを検討したい。コンサルテーションの場面が、生徒のきめ細かな実態把握の他、関係者間で支援の足並みをそろえるための「校内連携」の機会として活用されていく必要がある。

2　コンサルテーションの実践事例
　　──公立中学校に在籍する1年生男子への支援──

　対象生徒は、A市の公立中学校の通常学級に在籍する男子生徒である。特定の診断はなされておらず、これまで特別な配慮を受けた経緯はなかった。しかし、5月中旬から授業中学習に集中することができなくなり、クラスメートにちょっかいを出す、教室内を勝手に移動するなどの逸脱行為が目立つようになった。また、そのような逸脱行為を行っていないときでも、板書を写したりプリント学習に従事することなく、机に突っ伏したまま授業時間を過ごし、授業への参加意欲は乏しい状態であった。担任の担当教科（国語）以外でも同様の様子が見られると、複数の授業担当者からも報告があり、対象生徒は教員の多くから「学習にやる気がない」「ルールを守らない困った生徒」と見なされていた。こうした状況に対し「授業妨害に対しては厳しい対応が必要」と判断し、授業中のおしゃべりやちょっかいには毅然とした態度で関わり、いたずらに使った文具を取り上げるなど、強い態度で臨む教員もいた。しかし対象生徒の行動はおさまらず、厳しく対応する教員に対して暴言を吐くなど、挑発的に振る舞うようになった。同じ頃、入部当初やる気を見せていたバスケットボール部も休みがちとなり、学年の教員の中でも話題となった。

　母親は学校での状況を担任より伝え聞き、対象生徒が5年生のときに授業中教員にヤジをとばす、他生徒にちょっかいを出すなどの逸脱行為があり、在籍学級が学級崩壊になりかけたことがあった経緯を語った。しかし小学校6年時には体格の大きな厳しい男性教員が担任となり、対象生徒の逸脱行為も強い指導により減弱したという。さらに、もともと小学校低学年時より読み書きには苦労しており、黒板を写すのもやっとであった。そして、小学校高学年になり音読や作文・感想文などには強い拒否行動を示していたことも語られた。しかし、つまずいていた読み

書きの困難については特別なアプローチがなされず、宿題は母親が手伝って完成させ、対象生徒が意欲的に学習に取り組むことはなかった。対象生徒の最近の様子として、①母親が宿題や定期試験の勉強を手伝おうとすると激しく抵抗し、口論になることが多くなったこと、②部活もさぼりがちとなり、隣町のゲームセンターに頻繁に足を運ぶようになったことなどが、母親の心配事項として挙げられた。

（1）本事例におけるコンサルタントの位置付け

　A市では、平成19（2007）年度より、教育委員会の中で「特別支援教育推進協議会」を設置し、市内の幼・小・中学校の特別支援教育を円滑に進めていくための取組を開始した。その一つが市内の公立小中学校に向けた専門家による巡回訪問相談である。発達障害の専門医、学識経験者、臨床心理士などで編成された「特別支援教育専門スタッフ」が、巡回訪問相談員として教育委員会に相談要請のあった学校に派遣された。筆者は、この「特別支援教育専門スタッフ」の中の大学学識経験者として、本提供事例の公立中学校に携わった（図1参照）。

　本中学校では、教育委員会に巡回訪問相談の依頼申請を行うに当たり、校内委員会が学年会を通じて事例を募った。そして学年会から挙げられた「発達上気になる生徒」について、校内委員会でケース検討を行い、巡回訪問相談の利用の有無を協議した。本事例は、校内委員会での検討と保護者の意見を踏まえ、対象生徒が学習を主とする発達的な偏りを有

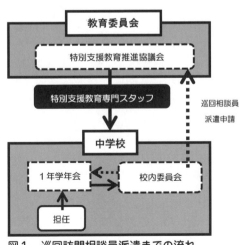

図1　巡回訪問相談員派遣までの流れ

している可能性があるとして、巡回訪問相談で取り上げる事例として選定された。

（2）コンサルテーションの実践

① 授業中の行動観察

以上の説明を受け、筆者（コンサルタント）は、①対象生徒に学習困難な状況があるかどうか、②教科や活動によって授業参加行動に違いがあるかどうかを把握する必要があると考えた。巡回訪問当日は、ちょうど国語と音楽の授業観察が設定されていたため、上記のような観点から行動観察を実施した。

国語の授業では、授業開始時の教員の話には耳を傾け、発問に応じたりして適切に授業に参加する様子が見られた。しかし、板書をノートに写す場面では、ノートを開かず鉛筆を揺らしたり机に突っ伏す様子が観察された。その後、教員に促されてしぶしぶノートは開くものの、途中で作業をやめ、椅子にもたれかかって後ろの生徒に話しかける様子が確認された。対象生徒がノートに視写をする際は鉛筆を握る指先に過度に力が入る様子が見られた。見本となる黒板の文字の見返しも多く、目と手の協応にも困難がうかがえた。一方、音楽では合唱練習にはよく従事し、特別な逸脱は見られず、声の出し方や息の吸い方を教員に褒められていた。しかしリコーダーの練習では、運指がスムースにできず、全員で演奏する際には吹くのをやめてしまう様子が見られた。教員が机間指導の際に個別に声をかけ、メインフレーズの部分のみ楽譜にマーカーを引き、その部分を練習するように促すと、教員の指導に応じ、練習を続けることができていた。

② 作品・掲示物の特徴分析

対象生徒が着手した運動会の作文、書写作品（硬筆）、歴史新聞を観察・分析した。運動会の作文では、字が原稿用紙のマスをはみ出し、走り書きのような文字が羅列されていた。また、行を移動する際に前行の

文字と重複したり、促音や拗音が時折抜けることがあった。内容については、事実関係を一文・二文程度で端的に記述することができていたが、感想については「楽しかったです」と一言書くのみであった。一方、詩を見本通りに写す書写作品は、文字が震える箇所はあるものの丁寧な文字で書写することができていた。歴史新聞は、教科書や資料集の記述を写すことができていたが、自ら引く罫線が大きく曲がっていたり、罫線の中に適切な大きさに文字を調整することができていなかった。

（3）対象生徒の見立てと支援方針の決定

　授業観察後、筆者（コンサルタント）、特別支援教育コーディネーター、担任、1年生の教員全員で協議となった。筆者（コンサルタント）は、観察結果から、①対象生徒は微細運動や協調運動に困難があり、視写や楽器・道具の操作などに大きな負担がかかりやすいこと、②作文など、言語表現や内容の構成を伴う学習活動が困難であること、③これらの作業の苦手意識から作業量が多いと諦めやすくなることを報告した。これらの報告を受け協議では、教科担当の複数の教員から、対象生徒が小学校段階での学習につまずいており、現在展開されている授業内容も理解できず苦しんでいる可能性が言及された。

　また、担任からは本中学校のバスケットボール部は地域でも有名な強豪校であり、上下関係も厳しく、対象生徒が唯一意欲的になれる部活でも活躍機会を見いだせていないことも話題となった。対象生徒にとっては学習場面での苦労はもちろん、中学校生活における居場所がなく、全体を通して達成感が得られない生活環境となっていることがうかがえた。これらの見立てを踏まえ、対象生徒への支援は、学習面での配慮に加え、自尊心の向上や居場所の確保などの情緒面の配慮が必要との結論に至った。巡回訪問相談後、校内委員会では学年担当の教員を中心に対象生徒に実施可能な支援方法を検討し、**表1**のようにまとめた。

表1　対象生徒への支援方針

支援の視座	困難状況	支援の具体的な手立て
◆学習面への配慮	書字困難	・板書量の調整をする ・量が多い場合には、特に重要な箇所を指定して、その部分のみをノートに写すように促す
	作文など、文章構成・表現の困難	・文章作成に入る前に、クラス全体で書く内容に関する協議などを経てブレーンストーミングする ・具体的な見本や書き方の事例を示す
	学習への苦手意識	・プリントの「第一印象」に配慮し、余白を多くしたり、絵や図を多く取り入れる ・宿題については、対象生徒と「できる範囲」を協議し、目標の自己決定をさせ、確実に実行できるようにする
◆情緒面への配慮	強い指導への反発	・教室でとるべき行動については、信頼している教員と個別で話し合い、自分でどうすべきか考えさせる ・ルール違反の際は冷静に伝え、他の生徒の前で強く叱責するのは避ける
	評価される機会や場所の喪失	・部活の転部を勧め、転部先では本人が実施可能で具体的な役割を与える

（4）支援の実践

　表1の支援方針について保護者の同意を得た後、夏期休業に入る前に、担任と対象生徒で面談を実施した。対象生徒は、最初は不機嫌であったが、夏休みの宿題や部活などの心配ごとがないか、担任が丁寧に尋ね傾聴的な姿勢を示したため、次第に宿題が達成できそうにないこと、部活が厳しくレギュラーにもなれず居場所がないと感じていることなどを語った。こうした対象生徒のニーズを受け、担任はその場で対象生徒と夏休みの宿題の課題整理を行い、対象生徒が取り組むことができる範囲に宿題の量を調整した。また、部活についても転部を検討するように勧め、転部先の部活について、対象生徒の得意なことや部活の雰囲気を考慮し相談に応じた。

　この後担任は、学年会でこれらの経緯を報告し、学習の配慮について

は学年の教員で**表1**の支援方針を2学期よりスタートさせることとなった。また、転部先の合唱部の教員も1年生の担当教員であったため、入部時には対象生徒を温かく迎え入れ、部活内での役割を明確にすることなどを依頼した。

（5）支援の成果

① 対象生徒の変化

2学期当初は、1学期と同様、授業中に逸脱行動が生じていたが、作業量の調節や文章作成時のこまめな机間指導が行われたことにより、徐々に支援を受け入れるようになった。社会や数学など、逸脱行為が続いた教科もあったが、担任が「授業中にやってはならない行為」について対象生徒の価値観を考慮しながら対話を重ね、学習のつまずきについても取り得る解決方法を共に検討することで、次第に落ち着きを見せるようになった。また、対象生徒から他校にある通級指導教室の利用についても検討したいとの申し出があり、12月にはWISC-Ⅳの検査を受けることについても同意した。

部活については、2学期開始と同時に合唱部へ転部した後、休むことなく出席するようになり、文化祭に向けての練習にも熱心に参加した。少人数の部活で部員も全体的に穏やかであったため、対象生徒は温かく迎え入れられた。文化祭の発表を達成した後から、教科を問わず授業中の逸脱行動も一切なくなり、教員の指示にも素直に応じられるようになった。

保護者からも、家で宿題に取り組む姿が見られるようになったこと、部活に熱心に参加するようになってからゲームセンターにはほとんど行かなくなったことなどが報告された。「学校のことを笑顔で話してくれるようになったことが嬉しい」と保護者からも安心の声を聞くことができた。WISC-Ⅳの実施や通級指導教室の利用についても、本人が望むならばそうしたいと保護者の同意も得られ、通級指導教室の他、外部専門機関の利用も検討する方向性となった。

② **教員による評価**

1年生の学年会では、表1のような授業改善を行うことにより、多くの教科において、「学力の向上は見込めなかったものの逸脱行為の改善によい影響がある」という意見が多く挙げられた。特に、「対象生徒が授業中ノートをとったりプリント学習に従事する姿が見られるようになった」と報告した教員が多かった。また、これらの授業上の工夫により、対象生徒の他に気になっていた数名の生徒の授業参加にも小さな変化が見られていることが教科担当教員から報告された。

（6）まとめ

本事例では、「授業中の逸脱行為」という主訴から、「対象生徒が何に困っているか」という本人の目線でニーズを捉え直したことから支援がスタートした。ニーズの検討を行う際、発達的側面だけでなく情緒的側面にも焦点を当てて検討したことで、話題となっていた授業場面を越えて、対象生徒の日常生活全体を踏まえた支援計画を立案することができた。特に、部活に焦点を当て対象生徒の居場所の確保に努めたことは、対象生徒の変化に重要な影響をもたらしたと言えるだろう。また、本中学校では、校内委員会と学年会が充分に機能し、校内連携を円滑にするシステムが整備されていた。生徒理解について学年の教員全体で共有し授業で支援を実践することができた点も、この事例の特筆すべき点である。このことは、対象生徒の支援のみならず、授業の展開や工夫が授業中の行動問題と直結しているという実感を教員にもたらした点で、今後の特別支援教育の支援体制づくりについても大きな功績をあげたと言える。

【引用・参考文献】
別府悦子（2013）「特別支援教育における教師の指導困難とコンサルテーションに関する研究の動向と課題」『特殊教育学研究』50、pp.463-472
文部科学省（2015）「平成27年度通級による指導実施状況調査結果について」
玉井邦夫（2008）「発達障害と虐待に関する中学校・高等学校での対応」『実践障害児教育』416、pp.34-39

第9章 実 践 編
●事例4 高等学校におけるコンサルテーションの実際

● 事例4 ●

高等学校におけるコンサルテーションの実際

星美学園短期大学 専任講師 **太田 研**

高等学校におけるコンサルテーションに必要な視点

（1）高等学校における特別支援教育の推進

　文部科学省（2009）が実施した「発達障害等困難のある生徒の中学校卒業後における進路に関する分析結果」によると、高等学校進学者全体に対する発達障害等困難のある生徒の割合は2.2％であり、全日制1.8％に対し、定時制14.1％、通信制15.7％と課程別で差がある。特別支援教育の体制整備状況は、平成19（2007）年に比べると、校内委員会の設置やコーディネーターの指名、巡回相談の活用や研修、個別の教育支援計画／指導計画の作成など高まりを見せている。けれども、高等学校における特別支援教育体制整備の急激な変化に戸惑いのある教員も少なくないであろう。校内における生徒の支援に不可欠な全教員が、特別支援教育に積極的に関わるためにも、コンサルテーションに求められる期待は大きい。

（2）高等学校の支援資源

　コンサルテーションは、コンサルタントとコンサルティという専門家同士の意思決定過程である。特別支援教育に関わるコンサルタントは、特別支援教育や臨床心理学、教育心理学、学校心理学の専門性を有する。

一方、高等学校の教員は教科教育の専門性を有している。コンサルテーションは、コンサルタントによる一方的な情報伝達過程ではないことを踏まえると、教員の教科教育の専門性を引き出し、特別支援教育の専門性をすり合わせる方略がコンサルタントに求められる。

　また、高等学校は入学者選抜を実施している。そのため、学校間により生徒の実態や教育課題が異なる。各学校が教育課題の解決のために創意工夫をしている。例えば、定時制課程を設置する高等学校であれば、基礎学力定着のための科目を設けたり、教育相談体制を整えていたりする。コンサルタントが関与する前から、支援に活用できる資源は校内に存在する。それらの資源を発掘し、活用することはコンサルテーションに対する現場の抵抗を最小限に留めるであろう（Thornberg, 2014）。

　教科教育の専門性を引き出し、すでに校内にある資源を発掘するために、筆者は、コンサルテーションにおいて、三つの話題を取り上げている。一つ目は、現場において取り組まれており、続けて欲しい「チャージ支援」である。チャージとは「蓄え」を意味しており、現場の実践で蓄えられた支援を表す。二つ目は、チャージ支援を生徒の行動特性や成長のために改良した「アレンジ支援」である。既に取り組まれている支援を改良するため、実行可能性が高いと予想される。三つ目は、これまでにない視点から支援を計画する「チャレンジ支援」である。この「チャレンジ支援」は、支援の成果をコンサルティとコンサルタントが実感できたとき、コンサルティのニーズがあるとき、生徒の課題の緊急性が高いときに提案する。

2　高等学校におけるコンサルテーションの事例

（1）実践校の概要

　筆者がコンサルタントとして関与している学校は、首都圏にある公立

高等学校である。全日制と定時制が併置されており、筆者は主に定時制の生徒の支援に関わっている。設置学科は、必履修科目を含めた普通科目と福祉や情報などの専門教育科目を開講する総合学科であった。在籍する生徒には、多様な背景があり、発達障害、不登校経験、児童養護施設入所、外国籍や他文化、就学援助を受けてきた生徒などが在籍していた。学力の差も大きく、習熟度別の少人数教育を実施したり、学校設定科目として基礎学力の定着を図る科目を設けたりしていた。教育相談室が設置され、常駐の教育相談員、週1回のスクールカウンセラー、週数回のスクールソーシャルワーカーが相談業務に当たっていた。

(2) 実践校の校内支援体制

筆者は、教育委員会の依頼を受け、平成26 (2014) 年度より当該校に関与している。**図1**に、当該校の校内支援体制とコンサルタントとしての筆者の関

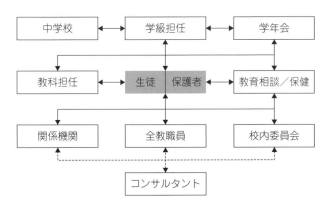

筆者：臨床発達心理学・特別支援学校Co：センター的機能

図1　高等学校の特別支援体制

与を図示した。まず、生徒や保護者の困り感を学級担任や教科担任、教育相談室スタッフや養護教諭、部活動顧問など全教職員が把握できるように体制を整えている。学級担任や教科担任の気付きは、学年会や校内委員会で共有し、支援案を検討する。校内委員会にて、校内全体で支援を必要とすると判断した場合、職員会議を通して全教職員に伝達し、周知徹底を図っている。中学校からの支援を引き継ぐために、保護者の了解のもと、入学前に中学校の担任教諭から紙面に加えて直接、支援の経

過を聞き取っている。筆者は、臨床発達心理学の専門家として、生徒の行動観察や面接、担任による保護者面接への同席、担任との協議を通して、支援に間接的に関わっている。日程調整が可能な場合、校内委員会に出席し、臨床発達心理学の専門的立場から支援の方針を協議している。訪問時、学校区の特別支援学校に所属する特別支援教育コーディネーターが同行し、センター的機能の役割を担っている。

表1　訪問時のスケジュール例

時間	活動内容	メンバー
14：30～ 15：00	当日の予定や対象生徒の概要	教頭、Co、(担任)、コンサルタント
15：10～ 16：00	生徒Aの行動観察	教職員、コンサルタント
16：10～ 17：00	生徒Bの行動観察	教職員、コンサルタント
17：10～ 18：00	生徒A・Bの支援に関する相談協議	教頭、Co、担任、他、コンサルタント
18：00～ 18：30	次回の打合せ・校内委員会における検討方針	教頭、Co、コンサルタント

(注)「Co」は、高等学校の特別支援教育コーディネーター

訪問頻度は、月1回、年間10回である。表1に1回の訪問におけるスケジュールの例を示した。基本的には、1回の訪問において2名程の生徒の相談を受けている。ただし、クラス全体を観察し、授業改善について相談協議をすることもあり、学校の要望に可能な限り応えている。行動観察の際は、可能であれば相談協議に参加する教職員に同行していただき、相談協議で観察場面を共有する。最後に、次回の打ち合わせや校内支援体制の整備に関わる検討方針を協議する。

(3) コンサルテーションによる相談の変化

　平成26（2014）年度から平成28（2016）年度までの相談件数と相談事例数の推移を図2に示した。相談件数は、1回の訪問あたりの件数である。1年間の延べ相談件数を訪問回数で割って算出した。よって、継続相談として2回の訪問時に取り扱われている場合、2件として算出している。相談事例数は、1回の訪問あたりの事例数である。事例数は相

第9章 実 践 編
● 事例4　高等学校におけるコンサルテーションの実際

談に挙がった生徒数であり、複数の訪問において継続相談として挙がった場合であっても、1件として算出している。コンサルテーション開始当初の平成26（2014）年度は、1回の訪問あたり2.3件の相談件数

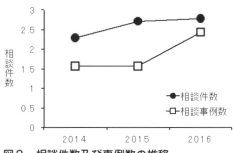

図2　相談件数及び事例数の推移

が挙がっており、相談事例数は1.6件であった。平成28（2016）年度は、1回の訪問あたり2.8件の相談件数、相談事例数は2.4件であった。1回の訪問あたりの相談件数が増加し、コンサルテーションにて取り上げる生徒の数も増えた。当該校のコーディネーターの尽力により、他の教職員にコンサルテーションが周知された成果である。

続いて、コンサルテーションで挙がった相談内容の推移を図3に示した。平成26（2014）年度は、他者とのコミュニケーションの様式や社会的状況の理解などの「対人関係」、基礎学力の定着や読み書き困難生徒への配慮などの「学習支援」が多い割合を占めた。平成27（2015）年度からは、就労支援制度の利用や高等教育機関との連携などの「進路相談」、中学校から不登校経験のある生徒のエンパワメントや自己理解を促すための家庭との連携に関する「不登校支援」の相談が増えている。

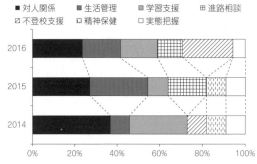

図3　相談内容の推移

3　コンサルテーションによる支援事例

(1) 事例の概要

本稿では、平成 27 (2015) 年度にコンサルテーションで対象となった生徒 A の事例を取り上げる。生徒 A は、医療機関にて自閉症スペクトラム障害の診断を受けていた 2 年次の男子生徒であった。1 年次の 12 月から幻聴や幻覚を主症状とする統合失調症を併発し、向精神病薬による薬物療法を受けていた。中学校 3 年次の WISC-IV 知能検査の結果、FSIQ は 85 であり、視覚的な情報を理解することが得意な傾向があった。学級担任によると、他生徒と自ら関わることは少なく、グループ学習で他者から意見を求められると単語で応答する程度であった。休み時間は、渡り廊下で 1 人、音楽を聴いて過ごしていた。自分の席に座り、ボールペンを分解し、ノック式のバネを使って銃のような武器を作っていたことがあった。授業中に問題となる行動は見られず、周囲の生徒からワンテンポ遅れるものの、教員の指示に従い、板書も写していた。

コンサルティは、20 歳代後半の男性教諭であった。生徒 A の学級担任であり、教科は社会科を担当していた。教職経験年数は 5 年であり、初任者として採用されてから当該校に勤務していた。校務分掌では、教育相談部に所属していた。管理職によると、授業改善にも熱心に取り組み、生徒に分かりやすい授業づくりを心がけていることで定評があった。生徒 A から幻聴や幻覚があると訴えがあったときの対応、心理的に不安定にならないための支援について相談したいという理由で、コーディネーターを通してコンサルテーションの申し込みがあった。

(2) コンサルテーション過程と支援計画

年度内に 3 回のコンサルテーションを実施した。概略を**表2**に示す。

第9章 実 践 編
●事例4　高等学校におけるコンサルテーションの実際

表2　コンサルテーションにおけるニーズの変容と留意点

時期	第1回　6月	第2回　9月	第3回　1月
本人願い	落ち着いて生活したい	落ち着いて生活したい	情報領域に進学したい
担任ニーズ	幻聴や幻覚への対応	対人的相互作用の増加	卒業後の進学／就職支援
筆者留意点	・現在の支援の評価 ・現在の支援の改善 ・新たな支援の提案	・現在の支援の評価 ・現在の支援の改善 ・新たな支援の提案	・学生支援の情報提供 ・特別支援学校 Co 協働
目標	・安定した気持ちで学校生活を過ごす。 ・教員に援助を求め、気持ちを落ち着ける。	・製作を通して自分の役割を行う。 ・他者から要望を聞き、オーダーに応じる。	・進学と就職に関する情報を収集する。 ・自己の特性を理解し、進路を検討する。
支援計画	【担任】 不安の数値化と援助要請の基準を確認 【教科担任】 援助要請に応じて、相談室利用を許可 【教育相談員】 折り紙を作りながら、受容的応答	【担任】 折り紙製作を注文し、オーダーの土台作り 【教育相談員】 折り紙を教育相談室に掲示し、他生徒とのコミュニケーション機会を設定	【担任】 進路指導教員との連携と保護者相談 【進路指導】 大学生活に関する案内と適性分析 【Co】 大学の学生支援窓口との連絡調整

　第1回目のコンサルテーションは、担任から相談ニーズが挙がった。担任によると、生徒Aは学校生活を落ち着いて送りたいと願っていた。筆者は、生徒Aの願いを実現するために、担任が週と日課のスケジュールを示していることを行動観察から発見した。コンサルテーションにおいて、スケジュールが生徒Aの心理的な安定につながる理由を説明し、その効果を担任から聴取した。授業では、教科担当が授業の流れを口頭で説明していた。最初に授業の見通しを提示する取組を賞賛し、学校行事や特別日程など平常日課と異なる場合において、生徒Aの強みを活かした視覚提示を複数提案した。複数提案をすることで、コンサルティが選択する自主性や支援に重要な要素をコンサルティが抽出できるようにしている。また、生徒Aは、不安になったときに、教科担任の許可を得て、教育相談室に行くことになっていた。不安の水準が最大限にな

る前に援助を要請できるよう、筆者は、不安の数値化と援助要請の基準の設定を提案した。この提案のとき、担任に生徒Aがイメージしやすい数値の段階について質問している。なお、生徒Aは、始業や終業時に生徒が立ち上がった際、椅子が引きずられる音に顔をしかめたり、他生徒の私語に耳をふさいでいたりした。雑音や私語を防ぐための手立てについて、教科担当が取り組める指導を例示した。

　2回目では、生徒Aが文化祭準備で他生徒と関わることに困難さを示し、担任からの相談ニーズとして「対人的な相互作用の増加」が挙がった。教科担当への援助要請も安定してきたため、教員以外の他生徒と関わるスキルを身に付けたいとのことであった。そこで、筆者は、生徒Aが現在、安定して他者と意思交換できる活動を担任や相談員に聴取した。言葉のみによる意思交換では、表情が強張り、意思交換が難しいとのことであった。一方、相談室内で行っている折り紙製作では、必要な折り紙を要求したり、折り方を相談員に教えたりする姿が見られると報告があった。担任・相談員との協議の上、折り紙製作を通して、他者から製作物や枚数、色の注文を聞く行動、完成した製作物を職員室まで届ける行動を指導することにした。相談室では、折り紙を掲示し、他生徒から作品投票を受け付けた。コンサルタントは、コンサルティから挙がった目標は、生徒Aがすでにできる行動、できる見込みがある行動であることを肯定した。これにより、支援計画立案の際に「できない行動」よりも、「できる行動」や「できる見込みがある行動」に注目することが支援の成果を高めることにつながることを強調した。

　第3回目は、進路に関する相談ニーズが担任より挙がった。背景には、生徒Aの母親から進路について親子で一致していないため、情報が欲しいという要望があった。生徒Aは、情報領域の四年制大学への進学を希望していたが、母親は就労を考えていた。日程の関係上、母親とコンサルタントが直接、話し合うことは難しかった。よって、筆者からは大学における障害学生支援の取組について、担当部署や支援内容を記し

た資料を担任経由で渡した。特別支援学校コーディネーターは、就労支援の制度と支援機関を記した資料を渡した。校内では、進路指導担当教員と担任が話し合いながら、生徒Aが自己の特性を理解し、進路選択につなげられるように指導した。

(3) 生徒の変化

第1回目のコンサルテーション以降、生徒Aは不安指数80程度（最高値は100）で教科担当に援助を要請することができるようになった。相談員によると、生徒Aは不安指数80になると、自分の身体を掻きむしっていることがあると自ら話していたようだ。心の状態が身体にサインとして表われることに気付けたと言えるであろう。また、授業中の私語のルールを複数の授業で徹底することで、相談室へ行く回数が約週1回から月1回へと変化した。

第2回目以降、担任や相談員に製作物の注文を聞き、折り紙製作に取り組むことができた。相談室から保健室にも波及し、これまで関わりの少ない養護教諭とも関わることができた。一方で、他生徒とのコミュニケーションについては、折り紙についての質問に単語で応じる受動的な関わりであった。ただし、以前は渡り廊下で休み時間を過ごしていた生徒Aが相談室や保健室など他生徒がいる空間で過ごせるようになったことは支援の成果と言えるであろう。

3回目以降、生徒Aは自分の進路について、情報を収集するようになった。情報収集をする中で、得意なことは「パソコンやモノ作り」であることを言えるようになった。オープンキャンパスにて、学生支援体制について尋ねるための台本づくりを担任と行い、自分に合った進路を検討していた。保護者も就労支援体制の状況を特別支援学校コーディネーターから得て、不安が低減したと報告があった。進学の方向でオープンキャンパスに参加する方針を固めた。

4 高等学校におけるコンサルテーションの今後

　以上の事例のように、生徒の支援ニーズが対人関係や学習面の他、精神保健や進路指導にも広がる高等学校において、コンサルテーションが効果的であると示唆された。しかしながら、高等学校の生徒は入学者選抜を経ているため、学校間で生徒の実態が異なる。全日制高校におけるコンサルテーション事例を蓄積し、様々な課程の高等学校におけるコンサルテーションの効果と課題を検討する必要がある。

　また、高等学校の教職員数は中学校よりも多い。校内支援体制の整備に着手し始めた場合、担任や教科担当が生徒への支援について申し出ることができずに、支援意欲を持つ教職員が校内で孤立してしまう危険性がある。高等学校という大規模の組織において、校内支援体制を整えるための学校組織へのコンサルテーション事例の蓄積も今後、期待される。

【参考文献】
文部科学省特別支援教育の推進に関する調査研究協力者会議「高等学校における特別支援教育の推進について：高等学校ワーキング・グループ報告」(http://www.mext.go.jp/b_menu/shingi/chousa/shotou/054/shiryo/__icsFiles/afieldfile/2009/11/05/1283675_3.pdf　2017年6月1日参照) 2009
文部科学省初等中等教育局特別支援教育課「平成28年度　特別支援教育体制整備状況調査結果について」(http://www.mext.go.jp/a_menu/shotou/tokubetu/material/__icsFiles/afieldfile/2017/04/07/1383567_02.pdf　2017年6月1日参照) 2017
Thornberg,R.「Consultation barriers between teachers and external consultants: A grounded theory of change resistance in school consultation」『Journal of educational and psychological consultation』,24(3),183-210,2014

●事例5●

スクールカウンセラーとの連携

東京都教育委員会 スクールカウンセラー　**脇　貴典**

1　これからのスクールカウンセラーの役割

　平成7（1995）年に文部省（当時）のスクールカウンセラー活用調査研究委託事業が発足し、平成13（2001）年度より文部科学省のスクールカウンセラー活用事業補助が実施された。また、東京都では平成25（2013）年度より公立の小・中・高等学校全校にスクールカウンセラーが配置されるなど、学校現場でスクールカウンセラーによる支援が求められている。

　この間、学校では不登校やいじめの深刻化、特別支援教育の本格実施による発達障害児童生徒への支援、貧困家庭や児童虐待の増加など児童生徒の支援ニーズも多様化していった。これまでの危機介入レベルの対応のみならず、今後は「共生社会」というキーワードのもと、障害のある・なしではなく、一人一人の子供たちが共に学んでいく学校環境構築のために、予防介入レベルでの支援に臨んでいくことが必要となるであろう。また、「チーム学校」の構想においてスクールカウンセラーの役割への期待も大きく、今後ますますその社会的・組織的な責任が高まってくるであろう。

　スクールカウンセラーの代表的な役割としては以下の業務が挙げられる（石隈、1999）。

　①　児童生徒、保護者とのカウンセリング（面接）

② 教職員へのコンサルテーション
③ 児童生徒に関するアセスメント
④ 校内・関係機関との連携

　また、これら以外にも近年注目を集めている児童生徒に対する予防的心理教育の実施（渡辺、2015）、教職員への研修、危機対応における心のケアなども挙げられる。危機介入での対応から予防介入としての支援を充実させていくことで、相談室内だけではなく、積極的に教職員と連携を図っていく「アウトリーチ」型の動きがスクールカウンセラーには今後も求められていく点をまずはじめに強調しておきたい。

2　スクールカウンセラーとの連携の在り方

　では、実際の学校現場ではカウンセラーとの連携はどのように行われているのだろうか。ここでは、スクールカウンセラーの業務内容の紹介を通じて、現場教職員との連携の在り方について述べていく。

（1）児童生徒、保護者へのカウンセリング（面接）

　児童生徒との面接は大きく分けて2種類ある。ねらいや学校のニーズにしたがって面接を実施する。
　まず一つ目は、個別支援が必要な児童との面接である。例えば、登校を渋る、クラスメイトとのトラブルが数多く報告される、落ち着きがない等、児童生徒に気になることが起きた場合に対応する面接である。昼休みや授業内などの時間に落ち着いた環境で、本人の近況や気になっていることについて本人のペースに合わせて話を聞いていく。スクールカウンセラーという教師とは異なる立場であるからこそ聞くことができる内容もある。児童生徒が面接の途中で、「（相談内容を）担任の先生には話していない」と明かすことがある。これらの多くは担任教諭との信頼関係の問題ではなく、「相談するには些細なことなので自分で取り組み

たい」「これくらいで相談するのは恥ずかしい」など児童生徒の思いが強いためである。実際に自分自身で解決することもできるが、時には発見が遅くなり早期対応につながらないこともある。「外部性」を有するスクールカウンセラーは、これらの児童生徒の自然な気持ちに寄り添うことができるため、教職員に比べてわずかな変化についても話を聞きやすいと考えられる。本人との面接を通じて語られた内容は、本人が望んでいる支援やサポートとして整理し、教職員との連携を図っていく際に活用する。

　もう一つは、1人ずつ短時間で学年全員を面接していくなどのやり方である。これは、先ほどの重点的な面接とは異なり、普段の学校生活の中で気になることがないかを予防的な視点で聞き取っていくこと、スクールカウンセラーの存在を知らせ、何かあれば次回の面接につながるように関係を構築することなどが主な目的である。この面接が学校適応状況を個別にスクリーニングすることにもつながる。これらの情報を教職員にも伝えることで、日頃から児童生徒と接する機会を増やしたり、見守りを強化していくことにもなるであろう。

　他方、保護者との面接では、児童生徒の家や学校での様子について気になる点を聞いていく。面接の中では、保護者から学校への不満を語られることも多い。学校に対しての強い思いや期待が背景にあると、時に怒りや攻撃につながってしまうこともある。こういった内容については、児童生徒との面接同様、スクールカウンセラーという第三者に対して話せることもあるだろう。保護者の期待や悲嘆に耳を傾け共感し、保護者の願う通りになっていない現状について話を聞いていく。その中で、今後の学校連携のきっかけや糸口を探し、現場の教職員につなげていく。

（2）教職員へのコンサルテーション

　クラスでの様子や相談室で関わったときの内容、児童生徒・保護者との面接で語られた内容について、当人からの承諾を得た後に（状況に

よっては集団内守秘の下）、教職員との連携やコンサルテーションを行う。

　コンサルテーションでは、児童生徒の気になる行動や困っていることについて教職員と問題解決的に話し合う。教職員が感じている児童生徒の気になっている点をより具体化し、そのときの状況から本人がそのような行動をとる理由を推測したり、より適切な行動がとれるように解決策を講じることが中心となる。そして、目標設定を行い、行動変容のための支援や工夫を実行し、その結果を評価するなどその場限りではなくその後の変容についても継続的に検討していく。

　気になる児童生徒については、発達障害や養育困難な家庭といった画一的な理解に留まるのではなく、それらの知識をベースにして、より個に焦点化した理解と対応方法の検討を行っていく必要がある。

　さらに、普段接することが多い担任教諭には、児童生徒への関わり方や理解の深化だけでなく、児童生徒の変容や成果を強調することによって日頃の教育実践に対する自信や効力感を支えるなど、問題解決だけでなく教職員をエンパワメントする関わりを意識する必要があろう。スクールカウンセラーと相談をすることで、悩みを担任教諭1人で抱え込むことがなくなり、客観的に児童生徒を見ることができたり、精神的な余裕を感じられたりすることが重要であろう。

（3）児童生徒の行動観察による見立ての補助

　支援の対象となる気になる児童生徒の行動観察を目的に実施する場合と、学校生活の中で困っている児童生徒がいないか予防的に接点を持つ場合とがある。休み時間には、クラスメイトとの遊びの様子や過ごし方などを観察する。例えば、休み時間に1人で過ごしていることが多いが、スクールカウンセラーを見かけると積極的に話しかけてくるなど、普段の行動とギャップが感じられる行動について注意深く見る。また授業中の様子においては、教師からの指示に応じるまでの時間、活動への

参加時間の長さ、板書の取組、加えて、教室の後ろに掲示してある作品などを観察する。他の児童生徒に比べて、活動参加や作品の完成に著しい遅れがないかなど、気になる児童生徒の進行状況を観察する。

　個々の児童生徒の観察を通じて、担任教諭1人の視点だけでなくクラス全体を多角的に見ることが可能になる。特に、普段の集団活動では見落とされがちな児童生徒（おとなしい・内気・学習面の困難など）の変化にも目を向けることができる。

（4）校内体制・他機関との連携

　校内では校内委員会や教育相談部会等のグループ、及び、特別支援教育コーディネーターや養護教諭など個別支援のキーパーソンと積極的に連携を図るようにする。もちろん、校務分掌以外でもキーパーソンとなる教職員とは連携を行う。しかしながら、連携を行う際にはいくつか困難があり、そのための工夫が必要となる。例えば、スクールカウンセラーは非常勤であることが多く、出勤日数が少なく教職員と勤務状況が異なるため、学校現場にとっては「スクールカウンセラーがいない」ことが日常であると言える。このような状況の中、スクールカウンセラーと担任教諭が継続的に連携を図ること自体がまず最初のハードルになる。前回の出勤時から学校で起きた出来事や新たな情報などを管理職から聞き取ったり、勤務後にはその日に取り組んだ支援やコンサルテーションの内容について報告を行うなど、情報を途切れさせない工夫が必要となるであろう。その中で校内での支援が有機的に連動しているか、スクールカウンセラーの立場からも管理職と振り返り検討する。また、問題が深刻な場合には次回勤務日までの間に、実施可能な支援の方針や方法について確認しておく。このように支援の連続性を保つための仕掛けが必要になるであろう。

　さらに、校内委員会などへの参入も重要になる。スクールカウンセラーは担任教諭がその時々で気になっていることについて児童生徒の相

談を受けることが多い。こうした相談を重ねていく中で、集まった情報を学年会議・部会などにも拡げることによって、対象児童生徒についての共通理解を図ることができる。また、普段接する機会の少ない教師でも対象児童生徒を見かけた際に積極的に声かけなどができるように学校全体での取組につなげていく工夫がいるであろう。

　加えて、管理職や校内での決定を踏まえて、外部機関や既に連携している施設、関係機関などのメンバーと状況を共有し、共通目標に向かって支援を行っていく。それらのメンバーで実施した連携会議等で出された支援方針に基づいて校内での支援を整理し、その後の具体的な対応を検討する。もちろん、取り組んだ成果報告や情報交換の機会を定期的に持つことも必要であろう。可能であれば、これらの会議をスクールカウンセラーの勤務日に開催する、議事録や会議用の資料をスクールカウンセラーが閲覧できるようにするなど、情報共有がしやすい工夫があるとよい。

　このような校内・校外との連携によって、児童生徒一人一人についてのきめ細かい理解が進み、校内全体でも気になる児童生徒のニーズに目が向き、早期支援・早期対応につながるであろう。また、個別支援の方法を報告・共有することによって、児童生徒の問題行動等へ対応する教職員の技能向上に役立つことにもつながる。

スクールカウンセラーの立場から実践例の紹介

　以下に、スクールカウンセラーとして校内連携に取り組んだ実践を2事例紹介する。ここでは、子供の変容に向けて、児童生徒の状態像の把握・教員との連携・保護者との関わりなどの詳細を記載していく。本事例で実施したコンサルテーションは行動コンサルテーション（加藤・大石、2011）を参考に行った。これらの取組が「どの人も、大切にされ、学びやすくて暮らしやすい国、豊かに幸せに生きていける国」づくりに

つながれば幸いである。なお、事例はこれまで筆者が担当した複数の事例を組み合わせた架空事例である。

（1）発達障害が疑われる児童に対する校内連携による支援

　事例は5年生男児である。保護者より「就学前に発達障害の疑いがあると医者より告げられた」と学校に情報提供があった。前年度より授業中やクラスでの落ち着きのなさがあり、校内委員会でも個別の支援が必要な児童として名前が挙げられ、今年度への引き継ぎが行われた。高学年となったことで、以前よりも本人とクラスメイトの親交が増えると同時に、児童間でのトラブルも多く報告されるようになった。管理職よりスクールカウンセラーへ本人の支援を依頼された。

　本人とは、廊下などで出会ったときに、スクールカウンセラーから声をかけるなど積極的に関わった。また、前年度より本人が相談室を利用しスクールカウンセラーと話をしていたため、気持ちが落ち着かないときには自分から相談室に来て話をするなどの対処をしていた。トラブルは、自分にとって嫌なことが起きると気持ちが昂ぶってしまい、相手に対して悪口を言うこと、それによって、相手から冷たくされる、睨まれる、自分の考えとは異なる意見を言われることで本人はパニック状態となりその場から離れることが本人から話された。

　相談室に来たときは、まずはクールダウンの時間を設けた後に、本人からトラブルの詳細について話を聞いた。そのときの自分の状況や感じたことなどを話してもらい、そのときの嫌だった気持ちを受容的に聞いた。また、話を進めていくと言葉ではまとまらなくなることもあったため、ホワイトボードに気持ちや出来事、セリフなどを記入してもらい、本人の置かれた状況について視覚的に整理した。面接では本人の感情や怒りを表現したり発散することを心がけた。また、以前よりも我慢ができるようになったことなど本人なりの変化や成長を伝え賞賛した。最後に、再度同じ状況になったときに気を付ける点や望ましい振る舞い方に

ついて本人と検討した。これらの面接内容について、本人の了承を得て、担任教諭・保護者と共有した。担任教諭は本人がパニックになった後で対応を始めることが多かったが、本人の状況や思いを共有することで、トラブルに発展する前から本人とクラスメイトとの関わりに注目するようになった。そして、本人の望ましい振る舞いの後には、積極的に認めたり賞賛するようにした。短期目標を"嫌な気持ちを言葉にすること""怒りや不快感などを感じたときに気持ちや行動をコントロールする時間を増やすこと"としてスクールカウンセラーと担任教諭の立場からそれぞれ支援を行った。スクールカウンセラーがいない日に直接関わる機会が多い担任教諭とは、継続的に情報交換と支援内容についての評価と修正をし、担任教諭の立場から本人・保護者への働きかけを行ってもらった。

　同時期に担任教諭、スクールカウンセラー、保護者での三者面接を行った。面接では、保護者からこれまでの子育てで苦労した点、本人の成長の進み方が心配であることなどが語られた。担任教諭とスクールカウンセラーでそれを傾聴し、家庭での状況を聞き取った。その後、相談室や学校での様子についてそれぞれの立場から保護者に伝え、本人なりの成長を共有した。最後に、本人の今後の課題について保護者とも擦り合わせ、学校と家庭でできる支援を検討した。

　その後、面接の内容について保護者から本人に話したところ、本人は自分の課題として受け止めたと報告があった。現在では時々トラブルはあるものの、望ましい振る舞いやトラブルを回避するための方法などを取れるように本人は心がけており、大きなトラブルになる前に担任教諭も早目にサポートしている。また、トラブルになっても復帰までの時間が徐々に減ってきている。今後の課題として、気持ちのコントロールや相手を意識した振る舞いができるように継続して支援を行っている。

（2）登校渋りを示す児童に対する家庭支援と他機関連携による支援

　事例は6年生男児である。6年生の夏休み明けから登校を渋る様子が

第9章 実践編
●事例5　スクールカウンセラーとの連携

目立つようになった。また、学校に登校したとしても、気持ちが落ち着かないときには無断で学校から帰宅するなどの様子が見られた。直接のきっかけは夏休み明けの宿題を提出することができず、そのために本人が感じるばつの悪さ、担任教諭からの指導等を受け登校へのハードルが高まった点、自分勝手に振る舞うことでクラスメイトから避けられる点が挙げられた。また、本人が困った際に保護者からの十分なサポートを受けていないことがうかがえた。その後も、登校前に保護者とケンカしたことで登校を渋る日があった。保護者は養育面において困難があり、以前に子ども家庭支援センター及び児童相談所が支援していた。

　本人が落ち着かない時間や、登校してもクラスには入れないときに相談室にて面接を行った。面接の冒頭では、本人が落ち着かなくなった場面（例えば、登校前に保護者と掴み合いになった、クラスメイトと休み時間に言い合いになった等）について焦点を当てて話を聞いた。本人はスクールカウンセラーとの面接を経て少しずつ落ち着き、その後本人の得意な授業などを選択し、段階的に復帰した。また、本人の了承を得て、担任教諭と現状を共有した。担任教諭とは、本人のその日の状態や達成可能なレベルに応じて、課題の難易度や目標を調整することについて検討した。加えて、課題や活動に取り組んでいるときには、周囲との進行状況と差があったとしても、本人の取組や作成した作品などに肯定的な声かけを定期的に行うことを確認した。

　母親とは、担任教諭の電話連絡の際にスクールカウンセラーにつなげてもらい、本人の学校での様子を伝えたり保護者の願いを聞くなどしてやり取りの機会を持つようにした。その後、保護者の出勤前に相談室にて相談を行った。相談では現在の登校渋りの状況を、本人目線で保護者に説明した。また、家庭で保護者が行っている何気ない関わりの有効性について説明した。その後、家庭で継続してできる支援について検討した。具体的には、生活リズムの安定（寝る時間を早める）、１日の間で保護者と本人との関わる機会の増加を目標に取り組んだ。

また、管理職と相談しその指示のもと、関係機関の担当者（子ども家庭支援センター、スクールソーシャルワーカー、公立相談室）との情報交換を行い、本人の状態像を共有し検討した内容にしたがって各機関で分担して支援を実施した。

　支援開始当初は登校渋りの状態は甚だしく、途中で学校から抜け出すなど不安定な登校状況であった。本人や保護者との面接後は一時的に安定するものの、時間の経過による様々な出来事に影響を受けて再び不安定な状態となることを繰り返していた。

　担任教諭には、不安定ながらも登校時間が長くなっていることなど、少しずつ変化している点を客観的な視点から伝えた。また、担任教諭との検討の際には、対象児童の不安定な状況や支援がなかなか進まない点において担任教諭が感じている不安等を聞く場面なども併せて設けた。加えて、本人の状態が落ち着かない日は担任教諭からスクールカウンセラーに報告をもらい、昼休みや給食の時間など1対1での時間を取り、トラブルになる前に対応することを心がけた。

　担任教諭と共に試行錯誤しながらも、継続したスモールステップによる支援を実施することで、徐々に安定に向かっていった。また、他機関との連携によって校内で行うべき支援が確認でき、それに傾注することができた。現在では、時々遅刻や欠席はあるものの、当初の困難はいくぶん緩和され落ち着いた登校状況につながっている。スクールカウンセラーとの面接において本人から「自分でもガマンできるようになってきた」と報告があった。

【参考文献】
石隈利紀（1999）『学校心理学―教師・スクールカウンセラー・保護者のチームによる心理教育的援助サービス―』誠信書房
加藤哲文・大石幸二（2011）『行動コンサルテーション実践ハンドブック―特別支援教育を踏まえた生徒指導・教育相談への展開―』学苑社
渡辺弥生（2015）「健全な学校風土をめざすユニヴァーサルな学校予防教育―免疫力を高めるソーシャル・スキル・トレーニングとソーシャル・エモーショナル・ラーニング―」『教育心理学年報』第54集、日本教育心理学会、pp.126-141

第9章 実 践 編
●事例6 スクールソーシャルワーカーや小児慢性特定疾病児童等自立支援員との連携

● 事例6 ●

スクールソーシャルワーカーや小児慢性特定疾病児童等自立支援員との連携

東洋大学 教授 **滝川国芳**
認定NPO法人難病のこども支援全国ネットワーク 専務理事（社会福祉士） **福島慎吾**

1　スクールソーシャルワーカーについて

　子供たちが生活している学校や家庭の環境等は、日々、変化している。義務教育において当面している課題であるいじめ、不登校、暴力行為、非行、自殺、引きこもりといった行動は、子供たちを取り巻く急激な環境変化が大いに影響していることが少なくない。これまでに公教育制度として、スクールカウンセラーの配置や適応指導教室の設置など様々な取組が行われてきた。しかしながら、学校における子供たちの行動は、家庭環境や友達関係、さらには地域社会等の複雑な相互作用によって生起される。そのため、学校の教職員やスクールカウンセラー等の学校関係者間においてのみ解決することは極めて困難であり、子供たちを取り巻く関係機関等と連携が不可欠となる。

　文部科学省は、平成20年度からスクールソーシャルワーカー活用事業を開始し、スクールソーシャルワーカー（SSW）の役割を次のように述べている。

> 　児童生徒が置かれている様々な環境に着目して働き掛けることができる人材や、学校内あるいは学校の枠を越えて、関係機関等との連携をより一層強化し、問題を抱える児童生徒の課題解決を図るためのコーディネーター的な存在が、教育現場において求められているところである。このため、教育分野に関する知識に加えて、社会福祉等の専門的な知識

や技術を有するスクールソーシャルワーカーを活用し、問題を抱えた児童生徒に対し、当該児童生徒が置かれた環境へ働き掛けたり、関係機関等とのネットワークを活用したりするなど、多様な支援方法を用いて、課題解決への対応を図っていくこととする。

スクールソーシャルワーカーの主な職務内容は、①問題を抱える児童生徒が置かれた環境への働き掛け、②関係機関等とのネットワークの構築、連携・調整、③学校内におけるチーム体制の構築、支援、④保護者、教職員等に対する支援・相談・情報提供、⑤教職員等への研修活動等である。スクールソーシャルワーカーの資質を確保する必要があることから資格は、国の「スクールソーシャルワーカー活用事業実施要領（平成28年4月一部改正）」によると、原則として、「社会福祉士や精神保健福祉士等の福祉に関する専門的な資格を有する者」のうちから行うことを基本としつつ、過去に教育や福祉の分野において活動経験の実績等のある者も可とした。

平成29（2017）年4月に施行された学校教育法施行規則の一部を改正する省令により、「第65条の3　スクールソーシャルワーカーは、小学校における児童の福祉に関する支援に従事する」が新設され、法律上もスクールソーシャルワーカーは公教育の制度として正式に位置付けられた。

学校における生徒指導と学習指導を推進していくため校務分掌には、管理職をはじめ、教務主任、生徒指導主事、養護教諭、保健主事、教育相談コーディネーター、特別支援教育コーディネーター等が位置付けられており、学校で起こり得る多種多様な課題に対応できるよう体制が整備されている。校内支援体制をより一層確固たるものとするためには、管理職のリーダーシップの下、各分掌間の連携を密にすることが重要である。さらに、家庭や地域と連携、協働する学校教育を行うために、スクールソーシャルワーカーが果たす役割は大きい。

平成27（2015）年1月、小児慢性特定疾病対策のより一層の充実を

●事例6　スクールソーシャルワーカーや小児慢性特定疾病児童等自立支援員との連携

目指して「児童福祉法の一部を改正する法律」が施行され、小児慢性特定疾病児童等自立支援事業が都道府県、指定都市、中核市を実施主体として開始された。参議院での本法案可決に際した附帯決議には、長期入院児童等に対する学習支援を含めた小児慢性特定疾病児童等の平等な教育機会の確保が明記された。小児慢性特定疾病の患児は、特別支援学校の他、幼稚園、小学校、中学校、高等学校にも数多く在籍している。そのため、自立支援事業においては、各自治体が配置した自立支援員が、患児が在籍する学校関係者と連携、協働して平等な教育機会の確保に努めることとなった。

　そこで、次に、スクールソーシャルワーカーと同様の役割として、新たに学校外の立場から患児を取り巻く医療、福祉、教育について総合的にソーシャルワークの機能を果たす小児慢性特定疾病児童等自立支援員について論ずる。

（滝川国芳）

【参考文献】
文部科学省（2017）「児童生徒の教育相談の充実について～学校の教育力を高める組織的な教育相談体制づくり～（報告）」教育相談等に関する調査研究協力者会議
文部科学省（2017）「児童生徒の教育相談の充実について（通知）」（平成29年2月3日付け28文科初第1423号）
文部科学省（2016）「スクールソーシャルワーカーワーキングチーム報告書」教育相談等に関する調査研究協力者会議（第5回）配布資料、資料1
http://www.mext.go.jp/b_menu/shingi/chousa/shotou/120/shiryo/__icsFiles/afieldfile/2016/08/12/1375665_2.pdf
文部科学省（2008）「スクールソーシャルワーカー実践活用事例集」

2　小児慢性特定疾病児童等自立支援員について

　平成27（2015）年1月に施行された児童福祉法[1]には、新たに小児慢性特定疾病児童等自立支援事業（以下「小慢自立支援事業」）が法定化された。この事業の目的は「幼少期から慢性的な疾病にかかっているため、学校生活での教育や社会性の涵養に遅れが見られ、自立を阻害され

ている児童等について、地域による支援の充実により自立促進を図る」ものとされ、実施主体は、都道府県、指定都市（政令市）、中核市となっている。

（1）小慢自立支援事業

小慢自立支援事業には、すべての実施主体が行うことになる必須事業として、療育相談指導、巡回相談、ピアカウンセリング、自立に向けた育成相談、学校・企業等の地域関係者からの相談への対応・情報提供などの相談支援、自立支援計画書の作成とフォローアップ、関係機関との連絡調整、地域支援協議会への参加などの小児慢性特定疾病児童等自立支援員（以下「小慢自立支援員」）による支援が規定されているほか、実施主体がそれぞれの理念や地域のニーズに応じて実施することができる任意事業として、医療機関等によるレスパイト事業の実施などの療養生活支援事業、ワークショップや相互交流を行う機会の提供などの相互

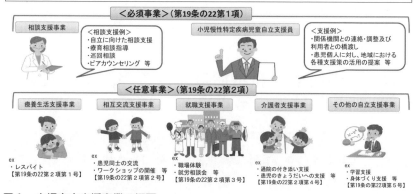

図1　小慢自立支援事業の概要
　　　（出典：厚生労働省）

交流支援事業、職場体験・職場見学・就労に向けて必要なスキルの習得支援などの就職支援事業、通院等の付添・家族の付添宿泊支援・きょうだいの預かり支援・家族向け介護実習講座などの介護者支援事業、学習支援・身体作り支援・自立に向けた健康管理等の講習会・コミュニケーション能力向上支援などのその他の自立支援事業が規定されている（図1）。

　小児慢性特定疾病医療費にかかる児童福祉法の国会審議において、筆者は参議院厚生労働委員会に参考人として招致され、意見の陳述と答弁を行った。その際に、学籍の問題、高等学校や私立学校に在籍する子供たちの教育保障の問題、親の付き添いの問題など、厚生労働省と文部科学省との連携強化の必要性を問題提起したこともあって、同委員会の児童福祉法の一部を改正する法律案に対する附帯決議[2]として「小児慢性特定疾病について、学校や地域社会などにとどまらず、広く国民や企業などの理解の促進に取り組むとともに、長期入院児童等に対する学習支援を含めた小児慢性特定疾病児童等の平等な教育機会の確保や精神的ケア及び就労支援の一層の充実など、社会参加のための施策に係る措置を早急かつ確実に講じること。さらに、その家族に対する支援施策を充実すること」が議決されている。

　小慢自立支援事業の各事業には、今までの福祉関連施策にはあまり見られなかった「学校」や「学習支援」など、学校教育に関連する文言が多く規定されていることが大きな特徴であり、福祉と教育をつなぐ役割が強く期待されていると言えよう。

2　小慢自立支援員

　指定都市[3]（20市）と中核市[4]（48市）の居住者はそれぞれの市に置かれた小慢自立支援員、その他の市町村の居住者は都道府県に置かれた小慢自立支援員による支援を受けることになるが、実施主体によって民間の支援団体や公営の医療機関に事業委託をしている例もあれば、保健所の保健師を小慢自立支援員として任用している例もあるなど、小慢自

立支援員の立場も多岐にわたっているのが現状である。

小慢自立支援員の役割は、①本人・家族の状況・希望等を踏まえ、自立・就労に向け、地域における各種支援策の活用についての実施機関との調整、自立に向けた計画を策定することの支援・フォローアップ等を実施すること、②個別支援として、学校・企業等との連絡調整、各種機関・団体の実施している支援策について情報の提供等を行うこと、③慢性疾病児童地域支援協議会の構成員として協議に参加し、取組の報告・意見陳述等を行うこととされており、サービス利用計画の策定とその評価などを超えた、インフォーマルな領域を含む幅の広い支援が可能となっている。

（3）小慢自立支援員による支援の事例

認定NPO法人難病のこども支援全国ネットワークでは、東京都からの委託を受けて小慢自立支援員としての支援を行っている（図2）。以下に学校教育と関連する支援の事例を紹介する。

① 事例1

神経難病による肢体不自由児。医療的ケアは必要なく、知的障害はない。両親の希望により、就学時から通常の学級に在籍している。教育委員会の就学相談担当者の対応や言動に対して、両親は強い不信感を持ち、今まで付き添いなどを半ば強要されてきたと訴えた。

図2　都委託事業のポスター

第9章 実践編
●事例6　スクールソーシャルワーカーや小児慢性特定疾病児童等自立支援員との連携

　親の付き添いなしに登下校を行うことを児も希望しているが、安全の確保を主たる理由に学校が難色を示しており、このような状況が小学校の入学時から続いている。児の自立のためには、必要な合理的な配慮を受けながら、親の付き添いなしに安心して学校に通いたいとの希望から、両親と教育委員会指導主事、学校長との話し合いが行われることになり、この話し合いへの同席を両親から求められた。

　今までのボタンの掛け違いもあるためか、重苦しい雰囲気で打合せは始まった。両親は言葉を選びつつ、今まで受けてきた不適切な対応や言動についての思いを吐露した。

　小慢自立支援員は、事前に話し合いの進め方を助言したほか、障害福祉制度や他の自治体における事例などについての情報提供を行った。結果、話し合いは和やかに進み、今後は窓口担当者を決めて、定期的に話し合いの場を設定すること、中期的な支援も視野に入れて一緒に考えていくことなどが合意された。両親の所感は、第三者が加わることで今までの話し合いとは雰囲気も変わり、前向きな話し合いとなったとのことだった。その後、自立支援計画書を立てて支援を継続していくことで両親の同意を得たため、短期目標：既存の教育または福祉制度を利用して、本人の自立に向けた支援を行うこと、長期目標：教育または福祉制度がない場合は、新たな制度を作るためのソーシャルアクションを支援することを総合的な支援の方針とし、親の付き添いなしに登下校を行うことを第一優先の課題（ニーズ）に設定した。また、数年後に予定されている修学旅行等の宿泊をともなう行事への参加や、中学校への進学も見越した継続した支援を行うことを約束した。

② **事例2**

　人工呼吸器をつけた肢体不自由児。吸引や胃瘻等の医療的ケアが必要だが、知的障害はない。両親の希望により通常の学級に在籍することを希望し、入学前から継続して支援してきた。しかし、就学の条件として、前任の学校長から「学校は一切の支援を行わず、責任は負わない」との

念書への署名を求められたことや、また、教育委員会担当者の不作為、暴言もあって、母親は不信感を強く訴えた。

　医療的ケアを実施するための研修[5]を受けている介助員が週に数日、公費で付くようになったが、吸引や胃瘻等の医療的ケアの実施は、教育委員会から安全の確保を理由にすべて母親が行うように求められている状況が続いている。児の自立と母親の介護負担軽減のために、看護師の配置を前提として、付き添いの問題は母親の教室待機から別室待機への移行と、その後の母子分離など段階を経て慎重に進めたいと母親は考えている。このため、教育委員会、学校長、学級担任との話し合いが行われることになり、この話し合いへの同席を母親から求められた。

　今までの不適切な対応や言動は問わないので、前向きな話し合いとしたいとの母親の言葉から、今回の話し合いは、現状を少しでも変えていく必要があることを参加者が確認する第一歩となった。

　小慢自立支援員は、障害者差別解消法における合理的配慮の考え方や他の自治体における事例などについての情報提供を行った。結果、学校長が他の自治体における実情やリスク管理を学ぶための視察を行うことや、定期的に話し合いを行うことなどが合意された。母親の所感は、第三者が加わることで今までの話し合いとは全く対応が異なり、信じられないとのことだった。今後は、必要に応じて自立支援計画書を立てることを含め、継続した支援を行うことを約束した。

（4）学校関連への支援について

　学校に関連する相談としては、就学先の選択、介助員や看護師の配置、遠足や修学旅行などの校外行事への参加、親の付き添いの強要など、子供の学校生活の基本に関するものが多い。そのため親たちは、学校管理職や教育委員会担当者との度重なる話し合いを行っているケースがほとんどだが、自立や安全に関する考え方の相違や就学時のボタンの掛け違いによって、小慢自立支援員など第三者による調整や情報提供が有用と

●事例6　スクールソーシャルワーカーや小児慢性特定疾病児童等自立支援員との連携

5　学校生活について（設問5）
（1）お子さんの学校生活で保護者が困っていることや心配事について

> 5　（お子さんが学齢期以上に在学中の方のみ回答対象）
> 現在、お子さんが学校生活を送るに当たって、保護者が困っていることや心配していることはありますか？

　お子さんが学齢期以上に在学中の方の、お子さんが学校生活を送るに当たって、保護者が困っていることや心配していることの有無については、全体でみると「ある」が58.3％、「ない」が33.2％となっている。
　各疾患群における「ある」の割合を比較すると、『皮膚疾患』が100.0％と最も高く、次いで『染色体又は遺伝子』が80.0％で高くなっている。
　お子さんが学校生活を送るに当たり保護者が困っていることや心配していることが「ある」と回答した方の心配事の内容は下図のとおりである。

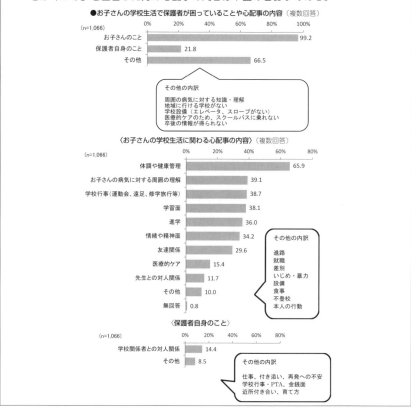

図3　慢性疾病を抱える児童等の学校生活で保護者が困っていることや心配事
（出典：東京都福祉保健局　慢性疾病を抱える児童等の実態調査報告書）

思われる場面も多く見られる。

　東京都が平成27（2015）年11月から12月にかけて、小児慢性特定疾病医療支援の受給者証を持つ子供の親たち6690人を対象に実施した慢性疾病を抱える児童等の実態調査[6]（**図3**）においても、親たちは「学校生活について困りや心配を抱えて」おり、「学校や職場等の疾病特性に対する理解の促進が子どもの育ちや自立のために必要と思う」との調査結果が明らかになっている。

　インクルーシブな教育システムを志向し、地域で子供たちを育むというコミュニティの考え方が重要視される時代において、病気や障害のある子供とその家族を支える、親の会や支援団体による体験的な知識は、インフォーマルな社会資源としてますます重要さを増してくるものと考える。これらの子供とその家族の地域生活を支えるためには、医療・教育・福祉の専門職が包括的かつ横断的な支援を実現するためにそれぞれの"のりしろ"を少しずつ伸ばし、体験的知識を有する親の会や支援団体などのレイ・エキスパート[7]たちと協働しながら、両輪となって支援を行っていくことの重要性を提言したい。

（福島慎吾）

【注】
1）児童福祉法の一部を改正する法律の公布について（通知）https://www.shouman.jp/pdf/contents/kojihatsu_0530_9.pdf
2）http://www.sangiin.go.jp/japanese/gianjoho/ketsugi/186/f069_052002.pdf
3）指定都市一覧 http://www.soumu.go.jp/main_sosiki/jichi_gyousei/bunken/shitei_toshi-ichiran.html
4）中核市一覧 http://www.soumu.go.jp/main_content/000457455.pdf
5）喀痰吸引等制度について http://www.mhlw.go.jp/seisakunitsuite/bunya/hukushi_kaigo/seikatsuhogo/tannokyuuin/01_seido_01.html
6）http://www.fukushihoken.metro.tokyo.jp/kodomo/kosodate/josei/syoman/houkokusyo.html
7）レイとは素人の意。レイ・エキスパートとは、非専門家でありながらも、自らの体験や経験を通じて、ある特定の限定的な部分に関して専門家を凌駕するような知識などを持っているさま。素人専門家。

●事例7●

特別支援教育と連携した生徒指導
―― 高等学校での取組 ――

市立札幌大通高等学校 教諭 **栃真賀　透**

1　高校の概要と生徒の実態

　A高校は、定時制課程・単位制・三部制の普通科で約1100名の生徒が在籍し、開校10年目を迎えた。定時制課程であることから、1日4時間授業の学校生活で、ゆるやかに、じっくりと学習し4年間で卒業できる。一方、午前部・午後部・夜間部の三部制を生かして、自分の所属する部以外でも授業を受け、3年間で卒業することもできる。また単位制の特徴として自分で授業を選択して時間割を作れるなど、多様な学びのスタイルを保障できる。毎年300名前後が入学してくるが、中学校時代に何らかの困りを抱え、不登校を繰り返す生徒も少なくない。ここ数年の入学者の状況は、不登校・発達障害・精神疾患・虐待等を抱えた生徒に加え、二次障害を併せ持つ生徒も増加傾向にある。こうした生徒の実態を踏まえ、A高校では8年前に保健支援部を発足し、特別支援コーディネーターや養護教諭を中心に様々な相談に対応する仕組みを整えてきた。本稿では、A高校における特別支援教育と連携した生徒指導の取組について報告する。

2　支援体制と具体的取組

　保健支援部では、おもに生徒の抱える困りを理解し、学習や生活の困

支援体制の構造図 （高知県立高知西高校の実践を参考に作成）

「一次的支援」～全生徒対象の予防サポート
認知行動療法に基づいた人間関係のスキルを学ぶ学習や
TK式テストバッテリーの活用による生徒理解等

「二次的支援」～自力解決に向けた個別のサポート
支援リストの作成と共通理解・カウンセリング
生徒情報交流会・中学校との引継ぎ等

「三次的支援」～支援チームによる
問題解決へのサポート
個別の教育支援計画の作成・別室登校生徒
の学習支援・ケース検討会議等

図1　支援体制の構造図

難を克服したり、社会自立・社会参加するための支援を推進している。すべての生徒が支援の対象となるが、困りの度合いにより、一次的支援・二次的支援・三次的支援の段階に分けて、きめ細かい支援を目指している。

A高校支援体制の構造図は図1のとおりである。

（1）一次的支援と具体策

　学習活動・行事等をはじめとした日常的な関わりを通し、生徒の発達・成長や学校生活への適応を促すことを目指す促進的な支援である。具体的内容としては、「TK式テストバッテリーM2＋」（平成28〔2016〕年度までは「TK式テストバッテリーM2」）を利用した生徒理解、自己の心身の健康や生き方を見つめる「いのちの学習」や「コーピングリレーション」の実践がある。以下に「TK式テストバッテリーM2＋」の検査結果を紹介する。

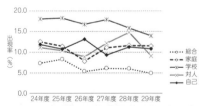

図2　1年次の不適応尺度上位（5パーセンタイル）出現率の年度比較

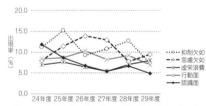

図3　1年次の性格・基準尺度上位（5パーセンタイル）出現率の年度比較

　TK式テストバッテリーM2＋では生徒の考え方や行動の特徴を「適

応傾向」「知的能力」「性格」の三方面から総合的に把握することができる。生徒の検査結果（平成24〔2012〕年〜29〔2017〕年度の1年次生徒）から全国上位5パーセンタイルの不適応尺度の出現率（図2）を見てみると、「学校不適応」の項目が他項目よりも高く、15〜18％の数値で推移している。A高校の特徴とも言える「不登校あるいは不登校傾向」だった生徒が多いことが顕著に表れている。また「家庭不適応」「対人不適応」についても高い数値で推移し、家族・友人との対人関係を苦手としている生徒が多いことが分かる。「性格・基準尺度」の出現率（図3）では、「思慮欠如」と「抑制欠如」における高い数値が示すとおり、感情を抑えきれずに何らかの行動を起こしたり、善悪の判断がつかないなど、日常生活のルールを守れない生徒も目立つ。学校と保護者の連携の必要性を感じているところである。

さらに具体的な取組として継続的に実施してきたものに「コーピングリレーション」がある。これは「人間対処法」とも言われ、今までの経験を通して、なんとなく身に付いてきた人間関係を円滑にするコツや、ストレスを乗り越えるコツを意図的に学ばせる時間として設けている。入学後早い時期に実施した方が効果的であるため、1年次のキャリア基礎（学校設定科目）の中に年間10回程度行っている。これを始めるにあたり、先進校の東京都立稔ヶ丘高等学校の実践を参考にした。対象は1年次生全員であり、予防的カウンセリングにも役立っている。

（2）二次的支援

二次的支援とは、「自力解決に向けた個別のサポート」である。具体的取組として、支援リストの作成と共通理解、カウンセリング、生徒情報交流会、中学校との引き継ぎなどがある。

なかでも出身中学校・前籍校からの事前情報の収集は、入学生の学級編成・座席の配慮・授業の工夫・個々の履修プログラム作成等にも役立てている。また引継ぎ資料は援助ニーズを抱えた生徒の早期把握や、問

題を抱えた生徒が自分で解決できるようにするための手立てとしても有効活用している。

ここ数年は通院生徒も増加傾向にあり、生徒一人一人の病状・症状・障害を理解していく上で「生徒の病状・症状・障害等資料集」を作成し、教職員間で情報共有し、生徒一人一人を把握し、スクールカウンセラー・スクールソーシャルワーカー・キャリアカウンセラーの助言をいただきながら支援を行っている。

(3) 三次的支援

三次的支援とは「支援チームによる問題解決へのサポート」である。具体的には、発育・発達上の障害のある生徒や心身の健康状態に配慮の必要な生徒への学習支援、進路を考えるケース検討会議、個別の教育支援計画の作成（現在は全生徒分のデータベースに日常の困りごとや生徒一人一人の行動変容等について記入）などがある。特に困りを抱えた生徒については、支援チームを組織し、随時ケース検討会議を実施し、生徒の困りを軽減させる方策を考えるなど、問題解決へのサポートを行っている。また厳しい家庭環境下にある生徒も増えてきており、キャリアカウンセラー・進路指導担当者と連携を取りながら、具体的な進路の方向性・卒業後の生活の場の提案などを行っているが、進路・生活の場への定着に時間がかかるのが現状である。

3　困りを抱えた生徒の問題点と今後の課題

入学後、「こんなはずではなかったのに」という理由で中途退学する生徒、あるいは4年間で卒業予定であったが何らかの理由で単位修得できず、高卒認定試験で必要科目を履修・修得して、大学・専門学校を受験する生徒も少なくない。中学で進路を考える際には、ただ漠然と決めるのではなく、生徒一人一人の将来を見据え、進路先を決定することが

大切である。

　一人で進路を考えるのが難しい発達障害等困りを抱えた生徒にとって、一番の協力者は保護者であり、担任であり進路担当者である。柔軟な学習支援や生活支援が受けられる環境で、急がず、時間をかけてその子を見ていく必要がある生徒もいるが、最終的には、発達障害等困りを抱えた生徒も社会自立・参加することを忘れてはならない。

　就労上問題となる要因として次の3点が考えられる。1点目は「読み書きができない場合」である。例えばマニュアルが読めなかったり、メモが取れなかったり、報告書が書けない生徒が少なからずいる。そのたびにつまずき、前に進めないケースも多い。主にLD（学習障害）の生徒に多く該当する。

　2点目は「指示されたことができない場合」である。ADHD（注意欠如多動性障害）の生徒に多く、やるべきことを忘れてしまったり、仕事に手をつけないままになってしまうことがあるのである。その都度細かく指示をしてもらうことで、改善を図ることが必要である。

　3点目は「コミュニケーションに問題がある場合」である。自閉症スペクトラムに多い。例えば、「相手にどう伝えたらいいのか分からない」「特定のこだわりがある」など、社会性がうまくとれないケースの場合は、まわりに本人の障害を理解してもらうことが重要になる。

　A高校では卒業と同時に就職する、何らかの困りを抱えた生徒の場合、就労への定着が難しく、退職するケースも多い。その理由を振り返ってみると、「会社でいじめを受けた」「人間関係ができず、パニックを起こした」などの対人関係の問題や、「期待に応えようと頑張ったが疲れた」「ストレスと体力的に続かなかった」など精神的に不安定になる問題も挙げられる。このように、1人で解決できない場合はまわりの支援を得ながら就労することが必要になる。

　梅永雄二氏は「卒業後の就労支援」について次のように述べている。「卒業後の就労を目指している人は、高校時代からの就労体験（インター

ンシップ・アルバイトなど）を積むことにより、自分にあった仕事を探すことが大切である。発達障害等困りを抱えた生徒にとって大事なことは環境とのマッチング。要するに環境が合えば生活が安定するという子供が増えてきている。環境とのマッチングは生活を安定させるために重要なポイントになっている」。このマッチングを図ることが高校だけではできない場合も多く、生徒の実情に応じて、その子の居場所や進路先でマッチングをすることも必要と思われる。

4　DORIサポート倶楽部の取組

（1）発足の経緯と目的

　A高校では、開校直後から発達障害等困りを抱えた生徒が多く入学したことから、保護者からの要望もあり、「障害のある子の生活を考える親の会」（通称DORIサポート倶楽部）を発足した。学校適応支援のみならず、高校卒業後の社会適応支援も視野に入れながら、情報交流することを目的としている。またやもすると当事者である生徒の対応に戸惑いや一方的な不安を抱きがちな特別支援学校の経験のない教職員や、家族に当事者がいない保護者にとっても欲しい情報を得られる貴重な場である。保護者・教職員のほか、自立支援に関心を持つ学外からの参加者も受け入れている。卒業後の見通しについて不安がある当事者の保護者のために、卒業後も参加できるように、「振興会」（在校生・卒業生とその保護者、教職員で構成）の特別委員会として位置付けている。これによって、「振興会」から講師謝金などの財源補助を受けながら活動することが可能となり、定期的な活動の基盤ができるようになった。

（2）活動の様子

　年間5回程度の集会を開き、交流や学習活動を続けている。活動のね

らいは、①個別に悩むより、皆の知識や経験・人脈を持ち寄って学習や交流を深める。②事情に応じて無理なく参加し、保護者・教職員がざっくばらんに話せる場とする。③「卒業後の進路・質の高い自立生活」実現への見通しを考えること、の３点である。

集会の内容は、保護者が関心を持っていることをテーマとし、基本方針にそって、事務局が決めている。今まで扱ったテーマ内容は、学校内の支援体制・方針の説明、「障害者手帳」の取得方法、就労サポートの事業所の事例紹介などであった。学習的な要素もあるが、意見交流の場面も多く、孤立しがちな保護者の悩みを共有できる場として、欠かせない存在になりつつある。また教職員にとっても、様々なタイプの生徒との関わり方や、当該生徒の今までの生育歴などの理解を深める場として重要である。教職員の中には特別支援教育の免許を持つ人が少ないため、事例を知ることで専門性を高める効果も期待できる。保護者が日頃の子供の様子や悩みを打ち明け合う学習会を茶話会形式で実施するなど、病状・症状・障害などに応じたケア、支援についても話し合いが回を重ねるごとに深まっている。

5 生徒の目指すもの
――地域連携の在り方と可能性――

(1) 目指す方向性

開校から９年が経過し、在校生をはじめ巣立った多くの卒業生から新たな課題が浮かび上がっている。その課題とは、対人関係やコミュニケーションの問題、不登校が原因で入学者の４分の１が４年間で卒業できずにいる状況など、毎年卒業生の４分の１が「進路未定」のまま卒業式を迎えている現状である。

これらの状況を踏まえて、平成26（2014）年からこれまで以上に自立した社会人の育成を目指すためにキャリア教育を推進することになっ

た。身近な地域社会の中で、生徒たちはどのように自己理解し、「キャリアプラン」を立て、自分が自立していく姿を未来に描くことができるのかをテーマに据え、新分掌を立ち上げて教育課程の再編成が行われてきた。

（2）社会に開かれた教育課程と実践例

　開校当初から「社会に開かれた学校」をコンセプトとし、学校外の方々と連携協力した教育実践を数多く行ってきた。しかしながら「社会に開かれた教育課程」の実現には大きな壁が立ちはだかっている。それは学校と地域の連携を通じた教育活動の積み重ねが、学校と地域の協働によるカリキュラム・マネジメントに転換されないという課題である。地元企業との商品開発や販売実習、農家での体験学習等が試みられようとも、従来の授業や課外活動で展開されてきたカリキュラム・マネジメントが変わらない限り、校内外で学ぶ生徒たちの豊かな成長を多面的・総合的に評価できない。そこで「学校と地域の連携〜新しい時代に求められる資質・能力の育成」と「少子高齢化が進む地域社会の持続的な発展を担う若者の活躍・定着」という課題を結び付け、「社会に開かれた教育課程」の実現に向けて様々な校内外での活動が平成26（2014）年度から始動した。まさに地域を学びのフィールドとした授業カリキュラムである。生徒のキャリア形成における基礎的・汎用的能力の向上を促進することを目標とし、35時間分（単年度内）の活動に対して1単位を認定する「キャリア探究」という授業を教育課程に位置付け、実施している。その実践例を報告する。

【実践例】まちなかの職業体験「先生、一緒にやっていきましょう」

　「まちなかの職業体験」とは、高校生と札幌大通まちづくり株式会社（札幌大通地区を活性化させながらまちを整えていくために、商店街や企業、行政と連携しながら数多くの事業を行っている）が協力し、札幌大通地区の商店街を利用して、小学生に職業体験を通じて、楽しみながら「仕

事・働く」について知ってもらうイベントであり、地域の魅力を発信し、地域活性化に貢献することを目的とした取組の一つである。連携協力を依頼するなかで、まちづくり会社にも活動の主旨や思いをくみ取っていただき、「先生、一緒にやっていきましょう」と温かい声をかけていただいた。

平成27（2015）年、校内でプロジェクト参加生徒を募集したところ10名の生徒が集まり活動をスタートした。小学生が職場体験をする事業所の開拓や体験プログラムの開発を通して、名刺交換やビジネス文書の作成、電話応対などを実践した。初めての取組に試行錯誤しながら、生徒は声を掛け合い、次々に起こる問題や課題を解決し、0から1を生み出していった。平成28（2016）年にはこの学習が単位認定されることもあり、年次をまたいで多くの生徒が参加した。

参加生徒のB君は以下のように振り返っている。

> 僕が「まちなかの職業体験プロジェクト」に参加してみたいと思ったのは、キャリア探究掲示板を見たのがきっかけです。最初は面白そうだと思い、説明会に参加した。説明会ではまちづくり会社担当者の「大変さと面白さは比例する」という言葉に、僕はもう引き込まれたのかもしれない。また、昨年参加した先輩が話の中で「まちプロが大好きだ」と言っていたのが印象に残っている。それほどの魅力があるということに興味をひき、僕は「まちプロ」に参加することを決めた。
> 「まちプロ」に参加して、メンバーの仲間と関わっていくうちに、みんなで力を合わせていくことの大切さが分かった。自分が何もしなければ楽だと思うし、気楽だと思うけれど、それでは自分のためにならないし、他の人の助けにもならない。何よりみんなと話し合って何かを作っていくことが楽しかった。それが僕がまちプロに関わって学んだことの一つだ。……

B君の「まちなかの職業体験」に対する思いが延々と続いた。

自分のために学ぶことや行動することはもちろん大切であるが、人のために学ぶことや行動することで、「自分は人のために役に立てる」「人

に必要とされている」という自尊感情の高まりを、生徒たちの様子に見てとれた学習の場であったと思う。

(3) キャリア教育への可能性

　平成23 (2011) 年1月に中央教育審議会が出した「今後の学校におけるキャリア教育・職業教育の在り方 (答申)」等によると「一人一人の社会的・職業的自立に向け、必要な基盤となる能力や態度を育てることを通して、キャリア発達を促す教育」と定義されている。生徒一人一人の状況に応じて、どのような社会的・職業的自立の選択肢があるのか、と考えることは、様々な背景を抱える生徒を指導する上で特に切実な問題である。そのためにはまず、生徒にできるだけ正確に自分を把握させることが重要である。学校内外の教育活動を通して、生徒に様々な体験をさせ、それを通して、自分について深く考えさせることが必要になる。

　実践例「まちなかの職業体験」などの学びによって、生徒は自分の役割を認識し、自分の存在が「役に立つ」という自信を強く持ち、可能性が広がった。毎年3月に実施されるプレゼンテーション大会（1年間に学んだことを発表し、生徒全員で共有し、励まし合って学びの文化を広げていく行事）は、そうした生徒が自信を持って発表する場となってきた。これはA高校がきわめて多様な生徒を受け入れているという現状の中で、目指すべきキャリア教育の方向性を示す姿であると考える。

多様な学びのニーズに応える教育を目指して

　開校当初に比べると生徒も多様化し、卒業後の生徒の目指す進路も様々である。将来に対する目的意識を持ち、主体的に自己の進路を選択・決定し、自己実現を図っていける生徒を育てるために、学校・家庭・関係機関の連携は欠かすことができない。

　発達障害をはじめ精神疾患等と診断され、社会的自立が困難な生徒に

対しては、企業との連携を図りながら就職に結び付けたり、福祉制度を利用しながら社会参加できることが必要になる。また、本校のように困りを抱えながら登校する生徒には、生徒自身が持っている「生きにくさ」「生きづらさ」にきめ細かく手を差しのべていくことも大切である。発達の障害ではなく、日常の障害として捉え、生活を支えにくくしている状況を克服する術を身に付けることが今後の教育的課題と言える。

そのことを踏まえて支援方法を考えると、①生徒一人一人を的確に把握する、②情報を多角的に捉える、③一人一人の「教育的ニーズ」を見つめていくことが、重要な視点と言える。多くの生徒は目に見えないところで何らかの障害を抱えており、生徒の内面を十分把握しながら、一人一人を「焦らず、ゆっくり」フォローしていかなければならない。さらにはDORIサポートクラブ・関係機関との連携を取りながら、生徒の生活支援・日常指導を工夫し、教育的アプローチを広げていくこと、また地域社会と関わりを持ちながらキャリア教育を推進し、地域連携を構築していくことなど、私たちの身近なところから、多様な学びのニーズに応えられるような教育の推進を考えていかなければならない。

【参考文献】
栃真賀透（2016）「高校における保健支援部の取り組み」『心の発達支援シリーズ5～中学生・高校生　学習・行動が気になる生徒を支える』明石書店
栃真賀透・佐々木大輔（2016）「困りを抱えた生徒の教育的支援の具体的取り組み（2）」『しんりけんさ会報』No.43、日本心理検査振興協会
栃真賀透・平野淳也・蒲生崇之（2014）「本校の支援体制、キャリア教育の導入とDORIサポート倶楽部の取り組み」『特別支援教育研究』2014年6月号、東洋館出版社
佐々木正美・梅永雄二（2010）『高校生の発達障害』講談社
市立札幌大通高等学校（2015-2016）『ミツバチプロジェクト～地域連携実践報告書』
中央教育審議会（2011）「今後の学校におけるキャリア教育・職業教育の在り方（答申）」

● 事例8 ●

保護者との信頼関係を築く相談活動

千葉県立土気高等学校 主幹教諭 **鵜澤京子**

1 保護者と「信頼関係を築く」ということ

　学校において児童生徒の発達課題に向けた支援を行う際、保護者と信頼関係を築き、連携して対応していくことは欠かせない。それは、特別支援でも同様である。保護者と「信頼関係を築く」相談活動について、二つの事例を通して、考えていくことにする。

(1) Aさんの事例:「学校の指導に問題はないのですか？」

　言葉どおりに受け止め、行動してしまうところがある高校1年のAさん。友人らと交わした冗談を受け、授業中に板書している先生に向け消しゴムを投げつけてしまった。指導すると「みんなでやろうと言っていたのに、なんでみんなはやらなかったんだろう」と、他の人が一緒にやらなかったことが理解できず気になっている……といった、なんとなく「気になる」様子が入学後にたびたび見られた。そんなある日の深夜、Aさんの保護者から、「Aさんが帰宅していない」との連絡が学校に入った。警察にも連絡し、あちらこちらを探していたところ、真っ暗な学校内に潜んでいたところを巡回の警備員に発見された。Aさんに理由を尋ねると「文化祭の準備で自分の分担が終わってなかった。だから、人の気配が無くなってから校舎内に入って、作業を続けようと思っただけ。何がいけないの？」と周囲の心配をよそに話すのだった。

このことをきっかけに、今後も継続して関わることが必要と考え、保護者と面談の機会を持つことにした。Aさんの保護者は、自宅から離れたところで自営の仕事をしているため、帰宅も遅いことが多い。ようやく日程を調整し、多忙な中で時間を設けたという事情もあり、短時間の約束で母親との面談が始まった。

　保護者に家庭での様子を尋ねると、「特に問題ありません。それより、学校からお話があるからと呼ばれたわけですから、早くその話をしてください」というのだった。担任がAさんの学校生活での「気になる」状態について、順を追って話を始めると、母親の表情が徐々に険しくなった。「先生は、うちの子が他の子と違って何か問題があるって言うんですか？　私も仕事をしていますができることはやってきたつもりです。確かに、仕事の関係で子供に向き合う時間は少ないかもしれません。でも、何かあると、親の育て方が悪いように言われてしまいますが、うちでは普通に生活できているんです。学校で問題があるというのは、学校の指導に問題はないのですか？」と、連携には程遠いやり取りになり、初回の面談が終わった。

(2) B君の事例：「大丈夫です」を繰り返す母親

　入学時にADHDの診断を受けていることを保護者から伝えられていたB君。「これまでも普通に学校生活を送っていたので特別な支援は必要ありません。大丈夫です」という保護者からの言葉どおり、成績も上位、クラスでの友人もでき、部活動にも入部し、順調に学校生活を過ごしていた。

　夏休みが明け、10月のテストが終わったころから、そんな学校生活に変化が見えてきた。まず、体調不良を訴え、保健室に行くことが増えた。保健室でも、落ち着かず室内を動き回ったり、言動にも違和感が見られたりという状態があった。その後、遅刻や欠席が徐々に増え、保護者に連絡すると「夜遅くまで勉強していて、翌朝、起きられないことが

続いていましたが、家庭で生活のリズムを整えさせますので大丈夫です」とあっさり話が終わった。しかし、その後も改善は見られず、連続した欠席が見られるようにもなったため、保護者と面談を行うことにした。

　父親は単身赴任中のため母親が来校し、幼少時の頃からの様子が語られた。幼稚園入園の頃、落ち着きがなく突飛な行動や友人とのトラブルがあり、母親はその頃から、他の子供と違うという印象を持っていたという。小学校低学年のときに病院受診を勧められ、ADHDの診断を受けた。しかし、小学校高学年の頃から、学習面で成績上位を維持し、本人も落ち着きが出てきた。中学校では、トラブルもなく過ごすことができていたという（B君の中学校からの情報でも「特に問題はなかった」とのことだった）。「このまま欠席が続くと、学習面で遅れが出ることが心配です。10月に行われたテストの結果が悪くて、本人も気にしているんです」母親から出る言葉から、成績が一番の気になるところであるように感じられた。それは、学校でのこのところの「気になる」様子を伝えたときの「あの子は、小さいころから気になることがあると、落ち着かない行動が出るんです。でも成績がよければ、落ち着いて学校に行けるので、成績を維持させたいんです。先生方は心配されているようですが、今までもあったことなので大丈夫です」という言葉からもうかがえた。

（3）二つの事例から考えられること

　これらは、発達障害が疑われるAさん、すでにADHDの診断を受けているB君の保護者との最初の面談の際の様子である。いずれも、初回の面談では、保護者との連携の難しさを感じる。保護者からなぜ学校からの関わりを拒否するようにもとれる言葉が出てくるのだろう？

　そもそも保護者は子供の「気になる」状態にどのような思いを持っているのだろうか？　学校から子供の「気になる」様子を伝えられること

は、我が子ばかりでなく、保護者自身も責められているという思いを持ってしまうのではないだろうか？　これまで、子育ての悩みや不安を相談したり、共に考えたりする機会が持てていたのだろうか？　保護者の思いには、いろいろなことが考えられる。

　そこで、保護者の思いに耳を傾けることを最優先にして、その保護者の思いを受け止めていく姿勢を持って対応していくことを心掛けた。

　その後の経過について見ていただきたい。

（4）Aさんのその後

　保護者の様子から、学校に呼び出されることへの抵抗感が見られたため、特別に機会を設けるのではなく、保護者面談週間や授業参観の面談の機会を活用するようにした。

　学校でのAさんが頑張っている様子や楽しく学校生活をしている様子などを伝え、「今後、お子さんが安心して学校生活を過ごしてもらえるように、私たちが知っておいた方がよいことなど、お教えいただけませんか」と、保護者からAさんの対応について伺いたいことを伝えると「うちの子は……」とこれまでの生育歴、小・中学校での様子、家庭での様子などのエピソードを交え「こんなことに気を付けてほしい」「こういうことをしてほしい」と保護者のAさんへの対応についての思いが徐々に伝えられ、学校もそのニーズに沿った対応を進めていくようになった。

　その後も「気になる」状態が見られたときなど、保護者に相談しながら対応を考えるという関わりを続けているうちに、保護者も学校に対して「このようなときは家庭ではどうすればよいか」と相談を持ちかけてくるようにもなってきたのである。お互いが支え合いながら、Aさんに向き合う体制ができてきて、保護者との信頼関係が築けている実感が得られるようにもなった。保護者も冷静に子供のことを受け止めることができるようになってきたのかもしれない。

そんなある日、「実は、子供が自分は他の子と違う気がするということをこのところ口にするようになっていた。病院につれて行ってほしいと言っているが、親としては、認めたくない気持ちもあり、『そんなことはない。大丈夫』と聞き流すようにしてきた。でも、これからのことも心配で、きちんと理解した方がいいのかもしれないと思えるようになってきた。今度、一緒に病院受診をしてみようと思う」との連絡が入り、早速に専門医に受診し、その結果、「アスペルガー障害」と診断された。Aさん、保護者ともに診断が出て、ホッとしたように思えた。保護者からは、「今まで自分の育て方がいけないと責められているようでした。診断名がついたことはショックでしたが、主治医の説明を聞いて、ホッとした面もあります」とそのときの気持ちを話された。
　それからは、保護者と学校の連携に医療機関が加わり、専門的な意見を聞きながら、Aさんの学校生活や進路について支援していくことができるようにもなった。
　その後、Aさんは、医療機関での定期的な受診を行いながら、落ち着いた学校生活を送り、美容の仕事に就きたいと美容専門学校に進学を果たした。

（5）B君のその後

　成績が下がったことや学校の欠席が続くことへの不安を見せるもののADHDの特性には触れようとしない保護者の思いを受け止め、学校では長期欠席の問題を中心に対応を続けた。欠席したときの資料の用意や、未提出の課題の指導など学習面での支援を行うとともに、欠席が長期化しないよう保健室登校をすすめ、学校生活を支えた。
　ところが、欠席が徐々に長期化し、進級の心配も出てきた。普段はなかなか仕事の休みが取れないという保護者とは、電話での連絡が続いていたが、ある日、「直接、話がしたい」との連絡が入り、担任・学年主任・養護教諭で対応した。

第9章　実践編
●事例8　保護者との信頼関係を築く相談活動

　面談が始まると、これまでほとんど自分からB君について話されることのなかった母親から堰を切ったようにB君のこれまでの生育歴が語られた。幼少期の頃からの「気になる」状態や子育ての中での困難感、幼稚園や学校とのやり取りなど、それは、以前お聞きしたときには語られなかったものばかりだった。
　さらに、現在も家庭内で基本的な生活習慣が身に付いておらず、学校行事の準備や毎日の身支度や持ち物の確認など、母親が代わることで何とか学校生活をこなしていたこと、家ではゲームに夢中になっていてパソコンを取り上げると暴力が出るなど対応に苦慮されていたこと、父親がB君の障害や学校生活の問題に対しても向き合っていないこと、義父母からは母親の子育ての問題と言われていることなど、家庭内の問題についてもお話をされたのだった。現在の学校生活の様子も父親にはほとんど伝えていないということだった。これまで、母親は、誰にも相談できずに、1人でB君と向き合い、懸命に子育てをされてきたことが伝わった。
　これまでの母親の苦労をねぎらい、その上で、「B君にとってお母さんが一番頼りになる存在だと思います。お母さんに代わることはできませんが、お母さんを支えていくことが、私たちがB君を支えることになると思っています」と伝えたとき、母親が涙ぐみハンカチで目頭を押さえて、その様子にこれまでの大変さを感じずにはいられなかった。「今後は、連絡を密にしながら、学校と家庭での対応を考えていきましょう」とお伝えし、面談を終えた。
　前回に比べて、保護者と距離がぐんと近づいた印象であった。その後、母親から、家庭での変化や「気になる」様子について度々、連絡が入るようになった。
　具体的な家庭での状況が伝えられたことで、B君が、学校での学習面での課題の負担が大きかったり、学校行事などの変化があると、家庭での「気になる」状態（部屋への引きこもりや暴言・暴力など）が出たり、

増大することが分かってきた。そこで、学習面のサポート（課題を一緒に取り組む時間を持つ、課題の量を調整するなど）を行うようにし、学校行事などいつもと違うことがあるときには、母親に、具体的に伝えるようにもしていった。

　すると、少しずつではあるがＢ君の家庭での落ち着きも見られるようになり、それから程なくして、母親から、父親にＢ君の様子を伝え今後のことを話し合う機会を持ち、病院受診も再開したことが伝えられた。

　Ｂ君は、薬服用など医療的な関わりも加わり、だんだんと学校生活も落ち着きを取り戻した。以前は、試験が近づくと落ち着きがなくなり、当日になると受けられないということが続いていたが、試験の日も自ら登校して、受けられる日も出てきた。成績へのこだわりは強く、テストがあると落ち着かない状態になるものの、徐々に学習以外の学校生活にも目を向けられるようになり、しばらく参加していなかった部活動でも汗を流すようにもなった。母親の「帰宅して夕食を食べて、ぐっすりと眠っていました」という言葉から、ホッとされた様子が伝わり、今まで、当たり前と思われる生活ができていなかった大変さを改めて感じ、た。

　その後も、保護者と相談しながら、地域の相談機関や就労支援機関など外部の関係機関とも連携を進め、Ｂ君と保護者が卒業後もつながるところを作るようにしていった。時々、欠席や保健室での休養が続くことがあり、学校生活の様子にも波が見られたが、保護者との「信頼関係」は深まり、連携した対応を続け、共に感動の卒業式を迎えた。

２　「信頼関係を築く」相談活動とは

　Ａさんの事例では、母親は、学校生活での「気になる」ことをすでに十分に感じていたが、それをまだ、受け入れられない状態だったのかもしれない。あるいは、子供の問題に直面できない、直視したくない気持ちだったのかもしれない。

●事例8　保護者との信頼関係を築く相談活動

　また、他の子供たちとは違った受け止め方や行動から、心ならずも問題行動を起こしてしまうことがあるAさん。これまでも、学校から学校での出来事を伝えられていたようだった。伝える側の学校には、そのような気持ちがなくとも、伝えられる側の保護者にとって、それは、我が子ばかりでなく、保護者自身も責められているという思いを持たれていたようであった。

　この事例では、学校が、子供の成長を一番身近で見守り育ててきた保護者という存在を認め、保護者が「子供の一番の専門家」であるという認識で接していくうちに、保護者は、自信を持ち、子供の問題と向き合えるようになったのではないだろうか。そして、学校が保護者に相談しながら対応していくことが子供の変化につながり、結果的に学校を「信じる」気持ちとなり、「信頼関係を築く」相談活動ができるようになっていったと考えられた。

　B君の事例では、母親が、発達障害の診断が出ているもののそこは直視せず（できず）、B君の成績を維持することが学校生活の安定を図ることにつながる、と、子供の直面している問題をすり替えることで安心感を得ていたように思われた。

　子育てに不安や戸惑いはつきもので、保護者は、悩んだり迷ったりを繰り返し、子供と向き合っている。「気になる」状態の子供と向き合う保護者のその思いはなおさらではないだろうか。父親にも理解されず、義父母からは責められ、自分の子育てを否定されたかのような思いを持ちながらも「他の子供たちと変わりなく普通に学校生活を過ごしてもらいたい」「進路や将来に不利にならないようにしてあげたい」など大切な子供を守る必死の思いが「大丈夫です」という言葉につながっていたようにも感じられた。

　そんな母親の今までの子育てに対して、学校は、ねぎらいの気持ちを伝え続けたのだった。母親の必死の思いを学校が受け止め、一つ一つ対応していくうちに、だんだんと母親に「頼る」という気持ちが出てきた

ように思う。今まで自分の中にとどめていた子供の問題を表出し、共に対応していくことが「信頼関係を築く」ことにつながったと考えられた。

「信頼」とは「信じてたよりにすること」（小学館『国語辞典』）である。お互いを「信じる」こと、「頼る」ことができて、そこに「信頼関係」が生まれる。

「信頼関係を築く」までには、時に時間も要し、また、時間をかけても困難なケースもあるだろう。しかし、保護者との信頼関係を築いた相談活動が、子供の変化につながり、支えることが成長を促すことに大切であることは間違いない。

保護者と信頼関係を築く相談活動を進めるためには、保護者の思いに耳を傾け、寄り添い、受け止めることを忘れてはいけないと考えさせられた事例の紹介である。

第9章　実践編
●事例9　合理的配慮に関する保護者との合意形成

● 事例9 ●

合理的配慮に関する保護者との合意形成

青森県立八戸第一養護学校 教諭　**森山貴史**

1　保護者との合意形成のポイント

(1) 基本的な考え方

　平成24（2012）年7月23日に中央教育審議会初等中等教育分科会より出された「共生社会の形成に向けたインクルーシブ教育システム構築のための特別支援教育の推進（報告）」では、学校における合理的配慮の考え方が示され、その中で、「保護者との合意形成」は重要なキーワードの一つである。本報告では、次のように述べられている（下線は筆者による）。

> 「合理的配慮」は、一人一人の障害の状態や教育的ニーズ等に応じて決定されるものであり、その検討の前提として、各学校の設置者及び学校は、興味・関心、学習上又は生活上の困難、健康状態等の当該幼児児童生徒の状態把握を行う必要がある。これを踏まえて、設置者及び学校と本人及び保護者により、個別の教育支援計画を作成する中で、発達の段階を考慮しつつ、「合理的配慮」の観点を踏まえ、<u>「合理的配慮」について可能な限り合意形成</u>を図った上で決定し、提供されることが望ましく、その内容を個別の教育支援計画に明記することが望ましい。また、個別の指導計画にも活用されることが望ましい。

　このように、「保護者との合意形成」は、合理的配慮の決定・提供に

至るまでの一連のプロセス（図1参照）において欠くことができない手続きであると言える。ここで留意すべきことは、本人及保護者との合意形成を図る主体は学級担任等の一個人ではないという点である。あくまで設置者及び学校が組織的に対応するのであって、教育委員会の担当職員や学級担任の個人的な見解だけで合理的配慮の検討が進められるような事態は避けなくてはならない。

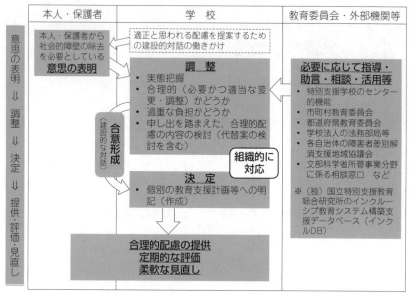

図1　学校における合理的配慮の提供に至るプロセス
（文部科学省行政説明資料を参考に独立行政法人国立特別支援教育総合研究所〔2017〕が作成）

　また、合理的配慮に関する合意形成は、教師が適切であると考える支援・配慮を一方的に保護者に理解するよう求めるのではなく、「双方の建設的対話による相互理解」（文部科学省、2015）が必要であるとされている。建設的対話を実現させるためには、保護者との良好な関係の構築が重要であろう。久保山（2016）は、保護者と関わる際のポイントとして、「保護者の話を丁寧に聞くこと」「想像力を働かせること」「保護者がその保護者なりに懸命に生きてきた歴史を尊重すること」の3点を

提言している。このようなポイントを押さえて、真摯に保護者の思いに寄り添うことが望まれる。

（2）インクルＤＢ[1]にみる保護者との合意形成のポイント

では、実際の学校現場において、どのように合理的配慮に関する保護者との合意形成がなされているのだろうか。ここでは、独立行政法人国立特別支援教育総合研究所のインクルDBに掲載されている「起立性調節障害のある小学校５年児童」の事例を取り上げ、保護者との合意形成のポイントを整理してみたい。本事例の概要は、次のとおりである。

> 通常の学級に在籍する病弱で情緒面の不安定さも併せ有するＡ児（小学校５年生）が、心身不調によって欠席や遅刻を繰り返しつつも、Ｂ小学校内における組織的な支援対応に加え、Ｃ市を巡る地域の教育資源を組み合わせ、通常の学級を基盤に学校生活を送れるようサポートしている事例である。睡眠に困難さを抱えるＡ児に対して、養護教諭が医療機関との連携を図り、生活リズムを一緒に記録するようにした。欠席した授業の学習補充は、学級担任や学校長が放課後等の時間に個別に対応している。スクールソーシャルワーカーやカウンセラーが関わる中で、本来もっている能力を発揮できずに、「できない自分」の中に籠っているタイプの児童であることが見えた一方で、Ａ児本人から学習面での具体的な悩みも表出され、合理的配慮の提供につながった。好不調の波はあるが、学校として「できる」「やれた」という体験を積み重ねて、自信をもたせることを継続している。

Ｂ小学校では管理職を筆頭に、養護教諭、学級担任と、Ｃ市教育委員会の担当職員、スクールソーシャルワーカー並びにスクールカウンセラーが、月に数回参集して会議を持ち、Ａ児に対するアセスメントや必要な支援の在り方について検討がなされていた。加えて、合理的配慮の効果の確認が行われ、それを踏まえて、合理的配慮の継続的な提供について保護者との合意形成がなされていた。

また、本事例では、スクールソーシャルワーカーやスクールカウンセ

ラーと連携することで、児童本人の学習面の悩みを把握することができ、それが合理的配慮につながっていた。さらには、保護者の悩みにも寄り添い、保護者自身の立場を認めることの重要性が指摘されている。このことから、先に述べた久保山（2016）の提言「保護者がその保護者なりに懸命に生きてきた歴史を尊重すること」が実践された好例であるとも言える。

　インクルDBには、上記事例以外にも様々な障害種の事例が掲載されているが、保護者との合意形成については、多くの事例に共通して次のようなポイントがあると考える。すなわち、①本人・保護者の思いを大切にしていること、②校内の関係者や関係機関と密に連携しながら合理的配慮の内容を検討していること、③合理的配慮の決定・提供に至るプロセスにおいて学級担任等の個人の力量に過度に依存せず、組織的に対応できていること、という3点である。これらは、「合理的配慮」という概念を抜きにすれば、いずれも特別支援教育においてこれまで大切にされてきたことである。しかしながら、教育課題が多岐にわたり多忙化が著しい学校現場において、学校における合理的配慮の考え方を教職員全体で共通理解した上で、このような基本的取組を全校体制で推進することは容易ではないだろう。そのため、校長のリーダーシップのもと、障害のある児童生徒への合理的配慮の充実に資する校内支援体制の再構築が望まれる。

気分障害のある特別支援学校（病弱）在籍生徒の事例

　本節では、筆者が過去に関わった生徒の事例を報告したい（事例の内容が変わらない程度に一部事実と異なる設定にしている）。なお、本事例は「合理的配慮」という概念が示される前の実践であるが、支援・配慮に関する保護者との合意形成を図る上で重要な要素を含んでおり、前節で整理したポイントをおさえた実践であると考えた。

（1）事例の概要

① 生徒の願いと学校での様子

　ハルキくん（仮名）は、小学校5年生の半ば頃から教室内で大声を出す、泣き叫ぶなど不適応の状態になり、病院を受診した。主治医からは「気分障害」と診断され、服薬を始めた。その頃、様々な事情から両親が別居し、母親とハルキくんとの2人での生活が始まった（以下、「保護者」は母親のことを指す）。小学校6年生のときに、病状の悪化による入院を経て、特別支援学校（病弱）の中学部に入学した。

　心理的に安定しているときのハルキくんは、とても明るく元気で、教師や友達と好きなアイドルの音楽やテレビ番組のことについて会話するのが大好きな生徒であった。他の生徒の気持ちを察して行動することは苦手ではあるが、「友達と仲良くなりたい」という願いがあり、本人なりに思いやりをもって関わろうとしていた。また、興味・関心のある授業では積極的に発言するなど、「友達と一緒に勉強を頑張りたい」という願いもあった。

　ハルキくんの病状については、入学当初より主治医から悪化が予見されていた。登校しても精神的に不安定な日が多く、1日の中でも気分の浮き沈みが激しいため、授業に落ち着いて参加することが難しい状態であった。また、行事等の集団活動や初めての活動への不安が大きく、個別に配慮が必要であった。情緒不安定なときには、教室や学校から飛び出したり、教師や友達に向かって泣き叫んだりするなどの行動が見られた。このような状態であるため、ハルキくんの実態を的確に捉えることが難しく、病気によって引き起こされる様々な行動への対応に終始している状況が続いていた。

② 個別の教育支援計画の見直し

　ハルキくんへの指導・支援に当たって、主治医とは密な連携が必要であると考え、本人・保護者が通院する際に学級担任が帯同して情報交換

を行い、助言をいただいた。2学期になり、ハルキくんの病状が悪化してきたことから、ケース会議を開き、複数の教師で授業での様子等について話し合いながら個別の教育支援計画の見直しを行った。

まず、ハルキくんの「友達と一緒に勉強を頑張りたい」という願いの実現のためには、心理的な安定が非常に重要であるが、十分な睡眠時間を確保できていないなど心身ともに休養が不足しているのではないかという意見が出された。ハルキくんは「毎日登校しなければならない」という強迫観念があり、睡眠不足や疲れ等から体調が優れないにもかかわらず無理に登校し、不安定な状態になるのではないかと考えた。そこで、一つ目の課題は「自分の体調を理解し、登校の仕方や授業への参加方法を自己選択すること」であることを共通理解した。

次に、泣き叫んだり、教室外に飛び出したりする行動は、ストレスに柔軟に対処できないために引き起こされているのではないかという意見が出された。今は音楽を聴くことでクールダウンできることが多いが、今後はそれ以外のストレス対処法も複数身に付け、時と場合に応じて選べるようにしていった方がよいと考えた。そこで、二つ目の課題は「ストレス対処法の選択肢を増やすこと」であることを共通理解した。

このようにハルキくんの中心的課題が明確になったことで、個別の教育支援計画の長期目標をより具体的なものに修正することができた。

③ 保護者と連携した取組

一つ目の課題の解決に向けて、登校時と授業開始時の体調確認を徹底した。また、頑張り過ぎず、きちんと休むことの重要性を保護者と共通理解した上で、保護者に協力をお願いして日々の睡眠の状況を把握してもらい、保護者と学校が連携して体調の自己管理を促していくことにした。3学期には、徐々に自分の体調を考慮して、無理せず1日2時間だけの登校にしたり、授業への参加方法を選択したりすることができるようになった。

二つ目の課題の解決に向けて、ハルキくんが情緒不安定になったとき

の様子を保護者に詳細に伝えると、そのような行動は家庭では見られないとのことで驚いている様子であった。保護者とは良好な関係を保っていたいという思いから、家庭では自分の感情を抑制しており、その反動（ストレス）が学校での不適応行動につながっている側面もあると考えられた。そこで、ハルキくんの言動で気になることがあった場合には、電話連絡等で保護者に丁寧に伝えていったことで、学校での不適応行動について理解してもらえるようになり、ストレス状況に関する情報共有が円滑になされるようになった。それを踏まえて、各教科等の授業内容を一部変更して心理的負荷を軽減したり、自立活動の時間における指導でストレス対処法について教師と一緒に考える活動を取り入れたりしていった。その結果、少しずつではあるが、「先生に話を聞いてもらう」などストレス対処法のレパートリーを増やしていくことができた。

（2）考　察

　本事例を踏まえて、合理的配慮に関する保護者との合意形成について若干の考察を加えたい。

　まず、学級担任が必要性を感じている支援・配慮について合意してもらうことから保護者への働きかけを始めるのではなく、なぜそのような支援・配慮が必要なのかについて共通理解を図るプロセスが重要であると言える。上村（2015）は、教師が保護者面談にて対応策を提案する際には「思考過程の共有化」が重要であるとし、「教師が自らの思考過程を言語化して保護者に示す」必要があると指摘している。本事例において、ハルキくんの実態から、十分に心身を休ませることの大切さを保護者に伝えて共通理解を図ったプロセスが、まさにこの「思考過程の共有化」であったと言える。

　次に、保護者と教師との間に生じている「実態把握のずれ」をどう捉えるかが重要であると言える。本事例では、ハルキくんは家庭において泣き叫ぶ等の行動をとっていなかった。学級担任が「保護者は子供の本

当の姿を分かっていない」などと一方的に決めつけて対応していたら、保護者の十分な協力が得られず、より一層対応が難しくなっていたと思われる。そこには、ハルキくんの保護者への思いと、保護者のハルキくんへの思いがあり、それらを受容し共感する姿勢が必要であった。その上で、教育の視点から気付いたことを保護者に丁寧に伝えていったことがハルキくんのストレス状況に関する情報共有につながり、それをストレスマネジメントの指導に生かすことができた。上村（2015）が指摘するように、保護者との連携においては、「双方に意見のずれがあるのは当然であり、それをどのように調整するか」が重要であると言える。

　このように、学級担任が保護者と連携した取組を着実に進められたのは、ケース会議においてハルキくんの実態や必要な支援・配慮に関する組織的な検討がなされていたことが大きい。保護者との合意形成を図る際に、「（学級担任である）私としては、〇〇さんには〜という支援・配慮が必要であると考えています」というように個人の見解を言われるのと、「〇〇さんに関わっている教師間で検討した結果から、〜という支援・配慮が必要であると考えています」というように学校としての見解を言われるのとでは、保護者の受け取り方は少なからず異なるであろう。後者の場合、保護者の安心感が増すだけでなく、伝える側の学級担任の負担感も軽減できると考える。難しいケースであればあるほど、保護者に働きかける学級担任の心理的負担も大きいため、定期的にケース会議を設定するなど、学級担任を支える校内体制の構築も重要であると考える。

3　保護者との向き合い方を内省できる教師に

　本稿では、「合理的配慮に関する保護者との合意形成」についての基本的な考え方や合意形成のポイントを整理した上で、気分障害のある生徒の事例を報告した。本稿の執筆を通して、公立学校における「合理的

配慮」の提供が法的義務となった今、保護者との関わり方を根本的に変えなくてはならないということではなく、保護者との向き合い方が改めて問われていることを実感した。教師あるいは一支援者として、保護者の話を心から聴くことができているのか、そもそも保護者が本音を語りたいと思えるような存在になり得ているのか。そのような視点で保護者との向き合い方を内省できる教師で在りたい。

【注】
1)「インクルDB」とは、「インクルーシブ教育システム構築支援データベース」の略称で、インクルーシブ教育システム構築に関する様々な情報を発信しているWebサイトである。本サイトには、合理的配慮実践事例のデータベースがあり、平成29(2017)年6月1日現在、302事例が掲載されている。

【引用・参考文献】
中央教育審議会初等中等教育分科会(2012)「共生社会の形成に向けたインクルーシブ教育システム構築のための特別支援教育の推進(報告)」
独立行政法人国立特別支援教育総合研究所：インクルDB(インクルーシブ教育システム構築支援データベース)
　http://inclusive.nise.go.jp/
独立行政法人国立特別支援教育総合研究所(2017)『病気の子どもの教育支援ガイド』ジアース教育新社、p.26
久保山茂樹(2016)「保護者の歴史を尊重することを基本に！」一般社団法人特別支援教育士資格認定協会編『LD、ADHD&ASD』No.58、pp.8-9、明治図書出版
文部科学省(2015)「文部科学省所管事業分野における障害を理由とする差別の解消の推進に関する対応指針の策定について」
　http://www.mext.go.jp/a_menu/shotou/tokubetu/material/1364725.htm
上村惠津子(2015)「教師が行う保護者面談の特徴と課題—教師の発話特徴と専門性の視点から連携促進を考える—」『日本学校心理士会年報』7、pp.5-15

● 事例10 ●

外部の専門家との連携と養護教諭の役割

筑波大学附属駒場中学校・高等学校 養護教諭　**早貸千代子**

　私たち養護教諭は、生徒の健康課題を的確に早期発見し、課題に応じた支援を行うことのみならず、すべての生徒が生涯にわたって健康な生活を送るために必要な力を育成するための取組を、生徒に関わる学校内外の人と連携しつつ日常的に行うことを求められている。本校においてもスクールカウンセラー（以下SC）を始め、外部の専門家と連携し、支援や予防的な関わりを試みるほか、養護教諭からも働きかけをしている。その中のいくつかの取組を紹介する。

1　養護教諭による支援ニーズの気付き

　保健室には内科的・外科的な症状以外にも様々な生徒が訪れる。例えば「突然暴れて友達を蹴った・蹴られた」などの生徒が来室することがある。その際、保健室は怪我の手当ての場であり、クールダウンの場でもあり、事情を聴く場にもなる。そのやりとりの中で、感情や衝動のコントロールが苦手、相手が嫌がっていることが分からない、などの支援の必要性を感じる生徒にしばしば出会う。他にも、教師が授業中、机の上に教科書が置かれてない状況で「教科書はどうした！！」と指摘した際に、真顔で「ロッカーの中です」と答えた生徒がいたと話題になった。教師側は「バカにした態度」と受け止めてしまう場面であるが、本人にしてみれば質問に正直に答えただけで全く悪意がないこともある。このような生徒に継続的な支援ニーズがあるかどうかの判断は難しい

第9章 実践編
●事例10 外部の専門家との連携と養護教諭の役割

が、その可能性があることにいち早く気付くことも養護教諭の重要な役割であり、支援・配慮の第一歩となる。支援ニーズがある生徒の気付きが遅れると、問題行動への厳しい指導がなされることになり、二次的な心の傷（うつ病や反抗挑戦性障害等）を負い、余計に問題行動を助長させてしまう可能性も大きいことを忘れてはならない。

2 精神疾患の背景にあるもの
── 精神疾患と発達障害 ──

　こころも体も大きな変化をもたらす中学・高校時代は精神疾患の好発時期でもある。特に自閉スペクトラム症の特性がある場合には、交友関係や人間関係の獲得・構築が上手くいかないために、自分に合った仲間や居場所を見つけることができず、孤独や孤立を経験し続けることも少なくない。積極的で好奇心旺盛であるがゆえ、物事の捉え方や受け止め方が多数派と違って「変わり者」「異質」と映ることもある。それが、からかいやいじめの対象となることも稀ではない。ピアプレッシャーに押しつぶされて、突然心が折れて動く気力がなくなってしまうこともある。これらの状態が続き、うつ病やパニック障害などの精神疾患を併発するケースもあり、長期的な支援が必要になる場合もある。

　大人の目から見れば特に困難を抱えていないように見えても、「眠れない」「最近疲れがとれない」「やる気が起きない」などの身体症状が現れてから気付くこともある。したがって、日頃から教室や友達の中で浮いている、孤立しているなどの状況を早期に察知するとともに、いつもと違う表情・言動や、「眠れない」などの身体症状にいち早く気付くことが大切になってくる。

3 総合的に判断するための情報源

　これらの気付きや見極め、今後の対応の見立てのためには、生徒一人

一人の心身の健康状態の把握をし、日頃から情報発信をしていくことも養護教諭として重要な役割となっている。保健室だからこそ見える情報を一部紹介したい。

(1) 保健基礎調査票・健康問診表

本校では全校生徒を対象に、毎年4月に保健基礎調査（保健調査）を実施している。その調査票の裏面は現在の健康状況を把握するための健康問診表になっており、**表1**のような精神的な質問項目をいくつか設けている。正直に書く生徒ばかりではないが、あてはまるものに○（現在も続いている場合には●）を記載する生徒もおり、何かしらのSOSサインとして、重要な情報源となっている。これらの情報は健康診断時の問診だけでなく、担任・学年と共有し、行動観察や声かけに役立てている。

表1　健康問診表の質問の一部

朝起きたとき、疲労感がある
よく激しい頭痛がある
よく首筋や肩が痛いことがある
よく眠れないことがある
乗り物酔いしやすい
友達と一緒のときも孤独を感じる
ちょっとしたことも気になり心配する
他人の批評がひどく気になる
少しのことに気がいらだち怒る
ものごとに長く強くこだわる
極端に几帳面だと思う
気分が沈んでゆううつである
理由なく急に恐ろしくなる
かっとなると我を忘れた行動をとる
友達と呼べる人がいない
人づきあいが嫌いである

(2) 学校生活サポートテスト (SLST)

新入生を対象に、支援を必要としている生徒の早期発見のために「学校生活サポートテスト（田研出版）」を実施している（ただし、医学的な診断や教育的な措置を決定するものではない）。このテストは「不登校・学校嫌い傾向」「ひきこもり・非社交性傾向」「いじめの問題傾向」「体調不良」「思いつめ傾向」「注意の問題・衝動性傾向」「反社会傾向」「家族関係の悩み」の8尺度と「妥当性」尺度から成り立っており、教師の

目からは気付きにくい生徒の内面の悩みや抱えている問題に気付くきっかけとなっている。このテストの結果の活用については後述する。

（3）保健室来室状況――来室記録から見える支援ニーズ――

　保健室には来室記録がある。本校では、来室日時・学年・クラス・氏名・発生時間、場所・傷病の部位及び症状、原因、処置（バイタルサイン）、病院受診の有無、保健室での休養の有無を自分で記入するようにしている。この来室記録には怪我や病気の状況や手当の内容だけでなく、文字の書き方（大きさ、筆圧、空間の把握の仕方等）、書いているときの様子などから、生徒の特性に気付くことができる。また記録を基にした問診では、教室での様子、担任との関係、友達との関係、得意科目や苦手科目、部活動、休日の過ごし方、家族との関係等々、いろいろな情報が見えてくる。例えば、教室の中のざわつきが苦手で、いろいろな音が一斉に耳に入ってくるなどの感覚過敏や、血を見るまで怪我をしていることに気が付かない感覚鈍麻、過去の嫌な出来事を急に思い出してしまうフラッシュバック、物にぶつかることが多く怪我をしやすいことから空間認知が苦手など、様々な特性に気付くきっかけになっている。

4　生徒の情報を総合的に把握し、組織的な対応へつなげる

　その他、出欠席、遅刻・早退の様子や学校に提出されている書類、周囲の生徒や関係者から聞いた内容、担任や保護者からの相談内容等、多岐にわたる情報を整理し、養護教諭の持つ専門的な知識と照らし合わせながら総合的にアセスメント・判断して、支援の必要性を見極めている。知り得た情報は、まず担任やSCと共有し、その後、生徒に関わる人が情報共有・コンサルテーション（異なった専門性や役割を持つ者同士が子供の問題状況について検討し、今後の援助の在り方について話し合うプロセス・作戦会議）をし、組織的な対応へとつなげ、それぞれが役割

分担しながら、チームとなって生徒の支援を行っている。

5　SCとの協働・連携を円滑にする取組

　本校のSCは2人でそれぞれ週1回と月2回と限られた時間で相談活動やコンサルテーションをしている。SCによる専門的な関わりやコンサルテーションの必要性を感じるものの、SCに直接つながるケースばかりではないのが現状である。そこで、養護教諭が教員・生徒・保護者をつなぐ取組をいくつか試みている。まずは、前述の学校生活サポートテストを活用した取組から紹介する。

(1) 担任とSCをつなぐ——学校生活サポートテストを活用して——

　新入生に実施している学校生活サポートテストの結果を基に学年教員集団・管理職・養護教諭・SC等で結果報告会を設けている。この結果報告会の目的は、日頃の関わりの中では気付きにくい、生徒のこころの状態や抱えている問題を把握することである。また、それだけにとどまらず、スクリーニング結果では特に問題はないが普段の様子で気になる生徒の情報交換をする場としても活用している。それぞれの立場から見えてくる生徒の様子を多面的に情報共有することができ、生徒理解を深めるよい機会となっている。SCからは結果の解釈や専門的な知識の提供、生徒への具体的な対応の仕方などの助言があり、生徒や保護者への支援の充実につながっている。さらに、緊急の対応が必要な場合には、その場でケース会議になり、今後の対応を検討することもある。この取組は学年教員集団とSC・養護教諭が一斉に会する最初の場面になることもあり、生徒を支援する体制づくりや、担任がSCに相談をしやすい関係をつくり、抱え込みの予防にもなっている。

（2）生徒と SC をつなぐ――「SC との出会いの場」としての保健室――

「眠れない」「なんとなくつらい」「だるい」などで来室した生徒の中には、動悸や冷や汗等のパニック症状やうつ症状が伴うこともあり、SC の専門的な知識や個人への深いアプローチが必要と判断されるケースもある。しかしながら、生徒に SC への相談を勧めても、SC に話すほどではないと断る生徒も少なくない。したがって養護教諭から見て支援ニーズが高いと思う生徒については、事前に SC へ情報を提供し、さりげなく保健室で遭遇できるような環境づくりを心がけている。養護教諭と生徒とのやりとりの中に SC が自然な形で話に加わると、生徒も違和感なく受け止められるようである。このようなコーディネートがその後の相談につながることもあり、有効であると言える。

（3）保護者と SC をつなぐ

保護者の中には担任にはなかなか話しづらい、こんなことまで担任に相談してよいのかと迷っている人は意外に多い。健康診断の結果や怪我・病気をきっかけに保健室に連絡があり、その際に家庭での様子を聞くこともある。なかには、朝起きられない、家では暴れている、ゲームに依存している、起立性調節障害である等深刻なものもある。その背景には過集中や過度なこだわり等があり、継続的な支援が必要なケースも見受けられる。保護者に SC のサポートが必要と判断した場合には、同じような悩みがあるのは 1 人ではないこと、他の保護者の方も SC との相談を活用していること、SC からの専門的な知識の提供や SC とのコンサルテーションが問題解決につながる可能性が高いことを伝え、SC への相談を勧めている。

（4）SC との連携・協働

担任・生徒・保護者を SC につないで終わりではなく、そこから SC

との連携・協働した支援が始まる。例えば、パーソナルスペースの設置などの環境整備を協働する、行動観察を一緒に行い支援方針や支援方法の確認や見直しをするなど、できる限りこまめに連携・協働するようにしている。また、SCによるスーパービジョンやコンサルテーションは養護教諭や教員の精神的な支えにもなっており、生徒支援のより一層の充実のために、本校にとってはかかせない存在となっている。

6 SC以外の外部の専門家との連携

(1) 医療機関などとの連携

　日常のエピソードから疾病や障害の可能性があり、気になる点が改善しない、あるいは悪化している場合には、本人や保護者に医療受診を勧めている。統合失調症など服薬が不可欠な病気もあり、医学的、医療的評価を受けることは重要になってくる。受診した際には、通院中あるいは回復後の学校生活をどのようなものにするか、医療機関や保護者との連携は重要であり、主治医との面談もしくは保護者を通して学校生活での配慮などの指示をもらえるように依頼している。

　その他、ケースによっては、医療機関だけでなく、教育相談機関や教育支援センター（適応指導教室）等の教育機関や児童相談所、場合によっては警察との連携をしながら、生徒が充実した学校生活を送ることができるように支援している。

(2) 教員研修

　発達障害という言葉はよく耳にするようになり、本で読んで知ってはいるが、具体的な対応やどのような配慮がよいのか理解しにくいこともある。そこで、外部の専門家を講師として招き、「過去のケースから学ぶ」「現在関わっているケースから学ぶ」の2タイプの教員研修を試みた。

① 過去のケースから学ぶ

　在学中に発達障害（自閉スペクトラム症）と診断された生徒及び保護者、元担任に振り返りインタビューを実施し、その資料を基に、特別支援の専門家による教員研修を行った。本人・保護者からは後輩のために役に立つのであればと快く承諾を得ることができた。インタビューでは、本人から「中学高校在学中の6年間を振り返り、学校生活で苦戦したこと、自分の支えになったもの」「診断前後の変化」等を、保護者からは「診断を受けた影響やその後の関わり方の変化」等を、担任からは「学校で行った支援」等を中心に聞き取りをし、それらをまとめ資料とした。特別支援の専門家からのレクチャーや事例に基づく協議は、様々な不適応行動や必要な支援への理解が深まり、今後の生徒対応に役立つ内容となった。このような縦断的な成長過程を資料にして行う研修会は、中学時にトラブルや課題があっても、適切な支援が生徒の成長につながることが分かり、6年間というスパンで見通しを持ち、焦らず余裕を持って支援できるようになったと思われる。今後もこのような研修会を続けていきたい。

② 現在関わっているケースから学ぶ

　日頃、各教員が抱えている事例を持ち寄り、検討する会を設けた。講師には本校の様子をよく知っている小児精神科のドクターを招き、一般的な対応の仕方ではなく、本校生徒や保護者の実態に合わせた助言をいただいた。教員同士が日常的に他学年の生徒対応や継続的な支援の仕方を知る機会は意外と少なく、担任は次年度以降に起こり得る状況や対応の仕方を知ることもでき、とても有意義な時間となった。すぐに実践に活かせる事例検討会となり、こちらも継続して研修の場を設けることが必要であると考えている。

（3）授業での予防的な取組──メンタルヘルスリテラシー教育──

　中学・高校生は、睡眠などの生活習慣の乱れや、悩みや心配事を相談

せず/できず、1人で抱え込んでしまい、精神疾患を発症しやすい時期である。本校にも、うつやパニック障害などになりやすい傾向の生徒もいる。しかしながら、精神疾患とその対処に対する正しい知識を学ぶ機会がないために、本人も周囲も不調になったことに気付きにくく、本格的な病気の進行・長期化といった状態を招いている可能性が高い。

そこで、大学教授（精神科医）や研究員（保健師）が研究開発しているメンタルヘルスリテラシー（心の不調や病気の予防・早期発見・早期対応の正しい知識と対応法を学ぶ）教育プログラムを取り入れ、養護教諭が本校の実態に合わせてアレンジし、保健体育科の教諭と養護教諭・SCと連携して、保健の授業で実践している。

授業では精神疾患の基礎知識とともに、「症状が2週間続いたら信頼する誰かに相談する」「相談先としてSCや医療機関もある」など、授業が単なる授業実践に留まらず、その後の指導や援助に活かせるよう工夫をしている。授業後には、心の不調・病気に対して理解・認識はもとより、相談することの大切さや、ともにいきる他者への気遣いができるようになり、いじめの防止や人間関係の向上にもつながる授業となったと考えている。SCや医療機関等、専門家の相談への壁が低くなり、生涯にわたり、精神疾患の発症や自殺の予防につながることを目指して、今後も継続して実施していきたい。

7　生徒への障害理解啓発の取組
——「ともにいきる」講座——

生徒本人や兄弟や親族などに障害を抱える人がいる場合、カミングアウトすることができずに生活している現状がある。その現状を危惧し、高校2年生（選択者）を対象に課題研究（学校設定科目）「ともにいきる」講座を実施している。

この講座は、年間13回の授業を通して視覚障害・聴覚障害・身体障害・知的障害・自閉スペクトラム症・ADHD・LD等の障害と幅広い障害に

第9章 実践編
●事例10 外部の専門家との連携と養護教諭の役割

ついて、当事者、医学、工学、研究、教育、社会人、同世代等の様々な視点から学べるように構成している。特別支援学校の教員や大学の障害学・障害科学の教授といった外部の専門家による講義や擬似体験、障害がある児童・生徒、卒業生（当事者）とその家族との交流を通して、それぞれの障害の特性を始め、障害のある人の困難さや心情、生活面での不便さ、障害特性に応じたサポート方法等、障害がある人が感じる真の障害は何かの理解を深め、すべての人が共に支え合う社会を探究する機会としている。

　生徒は、障害のある人の経験する困難は、手足や目・耳などの機能的な「不自由」ではなく、社会の仕組みによってもたらされる側面も大きいことや、障害者の多くは障害があっても「夢もあり、生活を楽しんでいる」「自分でできることも多く、自分でやりたい」「ただサポートが必要なときがある」こと等、障害（者）に対する捉え方に変化が見られた。また、健常者と障害者が助ける側と助けられる側の二項対立の関係ではなく、一人一人の違いを認め合い、助け／助け合いながら生きていくことの重要性を理解し、その上で、ともにいきる社会の理想と現実を見つめ、自分に何ができるのか模索する姿も見られた。

　発達障害に関しては、周囲の障害特性の理解と環境が整えば不適応な行動はなくなり、障害が障害でなくなることを知り、発達障害に対する理解・認識が180度変わったと衝撃を受けていた。さらに、自閉スペクトラム症の特性は自分にも友達にもあることに気付き、自己理解や今後の友達との付き合い方に活かしていこうとする生徒もいた。

　これらの講座を通して、身内に障害がある人がいる、自分も発達障害の診断を受けているなど、カミングアウトしてくる生徒も出てきている。

　生徒の感想や学ぶ姿から、これからの社会を培っていく若い世代にこそ、無知による誤った障害認識を改めていく必要があると感じている。

8　養護教諭だからできること

　保健室での対応だけでなく、保健体育科の授業、課題研究での講座の開講などの実践を通して感じることは、たとえ養護教諭の気付きがあったとしても、養護教諭だけの実践では、よい支援・教育にはつながらないということである。生徒を取り巻く環境の中には学校内外に多くの援助的資源がある。その多くの資源をコーディネートし、生徒に関わる人々とで連携・協働していくことは、養護教諭という立場だからできることではないだろうか。多様な生徒を多様な人材で育てていく視点を大切にし、これからも生徒の成長・発達、人格形成につながる取組を続けていきたいと考えている。

【参考文献】
文部科学省（2017）「現代的健康課題を抱える子供たちへの支援」
石隈利紀（1999）『学校心理学』誠信書房
佐々木司・竹下君江（2014）『思春期の精神疾患』少年新聞社

●事例11●

外部の専門家との連携と養護教諭

東海大学 講師　**籠谷　恵**

 特別支援教育の推進における養護教諭の役割

　現代的な健康課題の多様化により、医療機関等との連携や特別な配慮を必要とする子供が多くなっているなか、特別支援教育の推進において養護教諭に期待される役割は大きい。養護教諭は、医学、看護学、心理学、教育学等の幅広い知識と技術を持ち、日々子供の心身の健康管理、健康教育等における支援を行っている。また、保健室等で様々な学年の子供と個別に関わる機会も多く、特別な支援を必要とする子供に気付きやすい。そのため、子供たちとの継続的な関わりの中で、独自の専門性や立場を生かし、問題の見立てや個別の対応、学級担任等との情報交換や助言、外部の専門家との連携等を行うことが期待されている。具体的には、(1) 健康相談・健康相談活動等を行う専門家として、一人一人の健康状態の把握と子供に寄り添った支援を行うこと、(2) 特別支援教育コーディネーターとの連携と校内委員会への協力、(3) 教育上特別の支援を必要とする子供に配慮した健康診断及び保健指導等の実施、(4) 学校医への相談及び医療機関との連携等において、養護教諭は専門性を発揮することが求められている[1]。

　とりわけ、学校内外との連携においては、近年の子供の健康課題の多様化、複雑化により学級担任等の教職員、学校医、スクールカウンセラー等の学校内の連携だけでなく、医療関係者や福祉関係者等の外部の専門

家や関係機関との連携が必要となるなか、養護教諭にはコーディネーターの役割が期待されている[2]。なぜなら、養護教諭は学級担任等とは異なり、授業を担当しないことが多いため、個別の対応、相談、連絡調整等を行いやすい立場にあり、外部の専門家等との連携においては、職務の特質や専門性から医療機関、各種相談機関、福祉機関等と関わる機会が多く、連携の基盤があると考えられるからである[3]。

　実際には、養護教諭が特別支援教育コーディネーターを担当している学校とそうでない学校とがあるが、いずれにせよ養護教諭は学校内外の様々な立場、役割のスタッフや専門家と円滑に連携を進めるために、パイプ役になる重要な存在である[3]。養護教諭は、管理職や生徒指導主事、教育相談主任、学年主任等の支援の中核となる教員との関わりが多く、また他の教員とは異なる時間の流れの中で、特別支援教育支援員、図書館司書、学校栄養職員、事務職員、学校用務員等のように、対人関係がうまくいかず孤立しがちな子供たちに関わる機会が多い関係職員とも連携がとりやすい[3,4]。そのため、子供の様子を様々な立場から捉え、組織的な支援につなげるためには、日頃から教員のみならず、様々な教職員とのコミュニケーションを大切にすることが必要である[3,5]。それによって、子供の支援において、学級担任、養護教諭等の一部の教員だけで抱え込むことを防ぎ、教職員同士が協力し合えるような支援的な職場風土の形成につながると考えられる。

　また、全教職員が特別支援教育は組織的に取り組む課題であるという意識を醸成することも、特別支援教育の推進には重要である。そのため、養護教諭は連携の基盤を生かし、教職員に学びの場を提供する役割が期待される。たとえば、在籍している子供の障害や疾病等をテーマに外部の専門家等による校内研修を定期的に開催し、日頃忙しい教職員が子供たちのことを共に考え、実際の支援を振り返る機会を設けることで、子供の障害や疾病等に対する教職員の理解が深まり、自らの役割を問い直すことにつながると考えられる。このように、養護教諭は日頃から積極

的に教職員とコミュニケーションをとることにより、教職員の特別支援教育の意識の醸成に寄与するとともに、様々な機会を生かして校外の専門家との連携基盤を作ることにより、特別支援教育の推進者としての役割を果たすことが期待される。

2 外部の専門家との連携における養護教諭の役割

　外部の専門家等との連携を円滑に進めるには、連続性・継続性を踏まえた校内支援体制の整備が必要である。子供の進学や教職員の異動等により、必要な支援が滞ることがないように、特別な配慮を要する子供の把握、卒業校や進学先の学校等との引き継ぎ等をプライバシーに留意した上で確実に行う必要がある。また、外部の専門家等との連携においては、校内の相談窓口を明確にしておくことが重要である。特別支援教育における連携先には様々な機関があるが、子供や家庭の状況、支援に中心的に関わる教職員等の状況により、ケースごとに柔軟に窓口となる担当者を決めるとよい。例えば、摂食障害の疑いがある自閉症スペクトラムの女子生徒の支援において、経験の少ない学級担任で、難しい保護者対応が求められる場合、子供への支援は学級担任、保護者は学年主任、医療機関と教育センター（教育相談センター）の窓口は養護教諭が担当するなど、個別のケースごとに役割を決め、教職員の異動等により状況が変化した場合には、適宜見直しを行うとよいと考える。

　なかでも、医療との連携においては、養護教諭はその専門性から医療機関との連携の窓口になることが多い。そのため、事前に近隣の医療機関や専門病院等の連携先の情報を把握しておく必要がある。また、学校、家庭等における子供の様子は異なるため、養護教諭は日頃から学級担任等と共有した情報を整理しておくことで、必要に応じて学校での子供の様子や困っていること等を医師に伝えられるとよい。受診の際に医師に伝えられることは限られるため、医師がより的確な診断と対応につなげ

られるように、子供や保護者だけでなく、学校も医療と連携することは重要であると考える。医療との連携の仕方はケースにより異なるが、養護教諭が受診に付き添い、子供や保護者の思いを代弁したり、保護者の同意を得て学級担任、養護教諭等の教員と医師で情報交換をしたり、支援方針を確認したり、対応の助言を得たりする等の方法がある。

このように、外部の専門家との連携においては、校内の担当の窓口を決めておくことが円滑な連携につながると考えるが、担当者に過重な負担がかかることがないように留意するとともに、情報を適宜共有することで、組織的に支援を進めていくことが重要である。

3 外部の専門家と連携した事例

以下では、養護教諭が外部の専門家との連携に関わった事例と教職員との連携、保護者との関わり、関係機関との連携等の支援の概要を紹介する。

(1) 精神科校医により定期的なコンサルテーションを受けた事例

　　高校1年生A（男子）。入学前に、中学校より愛着形成の問題と発達障害が疑わしいため、児童精神科に受診中であると申し送りがあったとのことだった。両親の関わり方に問題があり、児童相談所に通報したことがあった。
　　高校入学当初は目立った問題は見られなかったが、5月以降、家出や教室に入れず数時間トイレにこもってしまったり、校内に隠れてしまったりし、授業にほとんど出席できない状態が続いた。徐々に進級を心配した父親に焦りが見られ、学校内に入り、Aが教室に入ったかを確認するようになった。また、父親の指示のもとに母親がAに付き添うこともあった。学級担任が対応するも、父親の行動は変わらず、学年主任だけでなく、管理職も保護者対応に当たった。また、精神科校医に見立てや学校側の対応について相談し、役割分担をしながらAや父親に関わった。Aからの訴えにより、父親の心理的虐待を疑わせる発言がたびたび見ら

第9章 実 践 編
●事例11 外部の専門家との連携と養護教諭

れたため、管理職が児童相談所と連絡し、今後の対応について確認した。しかし、1年次は吐き気や腹痛等により体調がすぐれず、欠課時数が多くなったため、進級できなかった。

　2年目は、新たな学年体制のもと、支援体制を見直した。具体的には、保護者対応を踏まえた学級担任の配置、クラス編成の配慮、学年教員の定期的な見回り等の協力体制の整備、学年をこえた支援チームによりAへの支援を行うこと、学級担任と学年主任による父親対応等を行った。また、学級担任と養護教諭による母親への支援により、養育に消極的であった母親がAへの関わりに前向きになったこともAの変化によい影響をもたらした。また、定期的に管理職、特別支援教育コーディネーター、支援チームの教員、スクールカウンセラー、養護教諭が精神科校医によるコンサルテーションを受け、問題の整理と支援方針の確認等を行うとともに、Aの主治医とも連携し、学校での情報を提供し、主治医の見立てや治療方針、学校の対応等についても確認した。その後、Aは不規則ながらも徐々に登校できるようになり、3年生に進級し、高校を卒業することができた。

●支援のポイント

　Aは、高校入学前から、愛着形成の問題と発達障害が疑われたため、児童精神科に受診していたものの、父親の考えにより、受診先を半年程度で変えてしまっていた。そのため、主治医との継続的な連携が難しい状況にあったが、精神科校医の定期的なコンサルテーションにより、複雑な背景を持つ事例の問題点が整理でき、支援の方向性が明確になった。また、精神科校医の存在は、教員の精神的支えにもなったと考える。

　全国的には一部の自治体で必要に応じて教育委員会等から精神科医が派遣され、子供や保護者、教職員への支援等が行われているケースがあるが、精神科校医が学校に配置されているケースは依然として少ない状況にある。複雑なケースが増加していることから、対応に苦慮する学校も増えている。そのため、子供の問題を整理し、支援の方向性を明確にするとともに、日々悩みながら支援を行う教職員を導き、精神的に支えるためにも、今後精神科校医の配置が増えることが期待される。

精神科校医が配置されていない学校においては、養護教諭、学級担任が中心となり、主治医と積極的に連携することが求められる。子供や保護者から受診した際の情報を聞くだけでなく、学校側の情報を主治医に伝え、見立てや治療方針等を共有し、学校の対応を確認することが必要と考える。また、保護者の支援においては、本事例のように、教職員が中心となって保護者に対応する場合もあれば、家庭の事情を教員に相談することに躊躇する保護者もいるため、教育センター（教育相談センター）、児童相談所、発達障害者支援センター、保健所・保健センター等の外部の専門家を必要に応じて紹介することも重要である。

　このように、複雑な背景を持つ事例においては、学校だけで対応することに限界があるため、医療、福祉等の様々な専門家との連携を視野に入れて支援の方向性を検討することが求められる。

（２）大学教員、専門医と連携した事例

　　　中学校１年生Ａ（女子）。入学時の学級担任との面談で、自身の性別に違和感があると話した。冬になり、Ａは学級担任に制服を学ランに変えたいと思っていること、自身の性別への違和感について、友人に伝えたい気持ちが日増しに高まっていることを話した。Ａは、自身の思いを訴えても学校の対応が変わらないことに不満を抱いているようだった。その後、学級担任の勧めでスクールカウンセラーが数回話を聞いたが、制服を変えたいという希望を語ることが中心で、それ以外の自身の思いや成育歴等については話そうとしなかったため、カウンセリングの継続が困難な状況にあった。そのため、カウンセラーより、専門医を紹介してもらい、Ａは定期的に通院することとなった。Ａの母親は亡くなっていたため、父親と学級担任が本件について面談し、父親は「本人から訴えは聞いているが、仕事が忙しいため、詳しくは聞いていない。受診については、本人に任せる」と話した。

　　　３月になり、Ａは出身小学校のカウンセラー（心理学を専門とする大学教員）との面談を希望したため、小学校の養護教諭に情報を提供して面談を依頼した。面談の翌日、小学校のカウンセラーが来校し、Ａが「男性らしく生きたい」と思っていること、周囲の理解不足に苦しんでいる

こと等が語られたことを聞いた。また、小学校のカウンセラーからは、近年の性同一性障害（性別違和）の子供への対応の状況についても話をうかがった。面談結果を受けて、学校側の対応として、どこまでできるかを特別支援教育委員会で検討した。その結果、多目的トイレの使用、体育等での更衣を他の生徒とは別の部屋で行うことを許可することとなった。また、校内の支援体制として、Ａが信頼を寄せている数学の教員が定期的にＡに数学を教えながら話を聞くとともに、学級担任だけでなく、学年教員も定期的にＡに関わることとなった。

　２年生になり、Ａの心理的状態にやや落ち着きが見られるようになったが、２学期は欠席が多くなった。Ａは「服装のことが気になって仕方ない。このままでは学校に来られなくなるかも」と話した。一方で、Ａは制服の変更による影響を理解しており、「診断が出るまで待つ」と話した。この間、管理職は同様の事例における他校の対応状況について情報収集を行い、特別支援教育委員会でＡの情報共有と今後の対応について適宜見直しを行った。

　春になり、Ａが性同一性障害（性別違和）と診断されたため、学級担任、学年主任、養護教諭で主治医に見立てや治療方針、学校側の対応を聞きに行った。また、校内では、制服の変更時期、他の生徒への説明、制服変更後の他の生徒反応について注意深く観察すること等、配慮すべきことについて協議し、３年生の進級時から制服を男子生徒ものに変更することとなった。また、教員全体の性同一性障害（性別違和）への理解を深めるため、Ａの主治医に依頼し、教員対象の研修会を行った。制服変更後、Ａはおだやかに過ごし、卒業後は高校に進学した。

●支援のポイント

　本事例では、慎重な対応をする学校と制服を変更することへの思いが高まるＡとの間にやや温度差が生じてしまった中で、外部のカウンセラーや専門医がよき理解者となったこと、学校としては学級担任だけでなく、学年の教員や教科担当教員等も定期的に関わる等の支援体制を見直したこと、管理職が率先して他校の取組等の情報を収集し、本校で対応できることを柔軟に考えたこと等がＡの支援につながったと考える。

　性同一性障害者の性別の取扱いの特例に関する法律の施行後、社会的

に性同一性障害（性別違和）の子供の支援に関心が寄せられ、国の通知等では、子供の心情に配慮して組織的に支援する必要があること[6]、組織的に取り組む必要があるため、学校内外に「サポートチーム」を作り、「支援委員会」（校内）やケース会議（校外）等を適時開催しながら対応を進めること、医療機関と連携しつつ進めることが重要であること等が示された[7]。性同一性障害（性別違和）の症状は、子供によって様々で、成長過程の中で変動する可能性もあるため、外部の専門家の助言も参考にしながらその時々の状況等に応じた支援を行うことが必要である[7]。

また、学校生活においては、服装、髪型、更衣、トイレ、呼称、体育等の授業、健康診断、修学旅行等の様々な場面における配慮が求められるが、性同一性障害（性別違和）の子供と、他の子供への配慮との均衡を取りながら支援を進めることが重要である[7]。本事例のように、周囲に打ち明けることを望むケースもあれば、「周囲に気付かれないようにしたい」「制服は変更しなくてよい」と考える子供もいるなど、希望は多様であるため、子供や保護者の意向等を尊重しつつ、学校側としてできることと、できないことを整理しながら子供の悩みや苦しみを少しでも軽減し、前向きに学校生活を過ごせように支援することが重要と考える。

【参考文献】
1）文部科学省：発達障害を含む障害のある幼児児童生徒に対する教育支援体制整備ガイドライン―発達障害等の可能性の段階から、教育的ニーズに気付き、支え、つなぐために―、2017
 http://www.mext.go.jp/component/a_menu/education/micro_detail/__icsFiles/afieldfile/2017/03/30/1383809_1.pdf
2）中央教育審議会（2008）「子どもの心身の健康を守り、安全・安心を確保するために―学校全体としての取組を進めるための方策について―（答申）」
3）鎌塚優子（2015）「発達障害児の学校生活を支えるために養護教諭ができること」『養護教諭のための発達障害児のための学校生活を支える教育・保健マニュアル』診断と治療社、pp.2-5
4）鎌塚優子（2014）「障害・疾患別子ども等の理解と支援―8．養護教諭の役割」『特別支援教育ハンドブック』東山書房、p.67
5）香川邦生（2012）「特別支援教育推進のための連携の諸課題」『特別支援教育コーディ

ネーターの役割と連携の実際―教育のユニバーサルデザインを求めて―』教育出版、pp.38-49
6) 文部科学省（2010）「児童生徒が抱える問題に対しての教育相談の徹底について（通知)」
http://www.mext.go.jp/a_menu/shotou/jinken/sankosiryo/1348938.htm
7) 文部科学省（2015）「性同一性障害に係る児童生徒に対するきめ細かな対応の実施等について」
http://www.mext.go.jp/b_menu/houdou/27/04/1357468.htm

● 事例12 ●

早期発見と早期支援（医療との連携）

横須賀市療育相談センター 所長 **広瀬宏之**

　医療との連携が必要な状態は、慢性疾患、肢体不自由、医療的ケア、心身症や精神疾患など、多岐にわたる。本稿では、発達障害を中心に、療育に携わる小児科医の立場から、教育との連携について述べていく。

1　連携に当たって

　多職種連携や他機関連携が当たり前の昨今、言わずもがなではあろうが、連携に当たっての基本的なスタンスを述べておきたい。
　まず、この分野では、原因が解明され、治療法の確立している病態は少なく、医療のできることは極めて限られている。したがって、治療のゴールは治癒ではなく、子供と環境との調和を図ることとなる。
　そこで、診察室での状態だけでなく、普段の生活を知ることにより、正確なアセスメントと、適切なゴール設定が可能になる。
　また、目の前の子供に精神疾患や発達障害が存在するという意識化も必要である。生活に不適応を生じている事象にハンドル（診断名・状態像）をつけ、対象化することで、適切な介入が可能となる。
　さらに、連携に際しては、相手分野の特殊性を知る必要がある。医療は教育を知らず、逆も真である。従来、医療は一人一人に合わせた治療が行われてきたが、Evidence-Based Medicine全盛となり、マニュアル診療が跋扈している。教育では特別支援教育以降、一人一人の教育的ニーズに合わせた個別化が図られている。指向性の異なる好例である。

療育でできること

はじめに、療育の一例を示し、参考に供したい。

療育のスタイルは、その土地土地で様々である。筆者の勤務しているセンターには、診療所があり、医師の診断のもと、療育が展開される。希望されない場合を除き、ほぼ全例に診断名の告知をしている。診断名のもとの療育がスタンダードではないが、当センターではそうしている。

(1) 療育の流れ

当センターの流れを表1に示す。横浜市などと同じく、ソーシャルワーカー (SW) が多いのが特徴で、約10名のSWが配属されている。すべてのケースに担当SWがつき、伴走的支援の主役を担う。

表1　横須賀市療育相談センターにおける療育相談の流れ

①	保護者からの申し込み：ソーシャルワーカー（SW）が主訴などを簡単に聞き取る。
②	保護者の許可を取り、子供の所属集団の様子など、SWが情報収集を開始する。
③	SWによるインテーク面接：主訴、発達歴、家族歴、生活歴、子供の様子などを聞く。
④	心理士による発達・知能検査と結果のフィードバックを行う。
⑤	専門医による診察。診断名も告知する。
⑥	理学療法士・作業療法士・言語聴覚士・耳鼻科医・リハ医などによる評価（必要時）。
⑦	関わった全職種による方針決定会議。
⑧	医師とSWによる、「個別療育プログラム」（A4用紙1枚程度）。
⑨	療育支援の開始。

SWによるインテーク面接の後、保護者の了解を得られれば、幼稚園・保育園・学校など、子供の所属集団での様子を問い合わせる。保健福祉センターの担当保健師と連絡をとって、家庭背景や養育環境の情報を収集する場合もある。連携の第一歩である。

その後、心理士による発達・知能検査とフィードバックが行われる。

つまり、初診時には多くの情報が集まっている。診察室の様子だけでなく、家庭や所属集団での様子、発達検査の結果や心理士の行動観察な

どを総合することで、丁寧な診断が可能となり、家族に告知している。

もちろん、告知に当たっては細やかな心遣いが欠かせない。親の気持ちを推し量り、理解や心情を斟酌しつつ、慎重に言葉を選んで伝える。

告知している理由は以下の四つである。

① 「発達が心配」という曖昧な状態よりも「支援のターゲット」が具体的になる。

② 診断名には「タグ」や「ハンドル」の役割がある。例えば、自閉スペクトラム症（ASD）という診断名があると、それを手がかりに調べて工夫し、有効な支援に行きつける。「当事者能力」が育成される第一歩である。

③ 支援では「情報の共有」が不可欠だが、診断名がその第一歩。

④ 診断名は最も重要な「個人情報」であり、支援者側だけにとどめ、家族や本人に伝えないことには倫理的に問題がある。

もちろん、診断名だけを伝えるのは不十分である。同じ診断でも状態は千差万別であるから、個々の発達特性と適切な対応を伝え、レッテル貼りだけに陥らないようにする。

初診の後に作成される個別療育プログラム（表1⑧）も当センターの特徴の一つである。療育の概要・診断・経過・発達の状態など、関わったそれぞれの職種が記入し、Ａ４用紙１枚程度にまとめて交付し、子供の状態を家族と共有する。保護者経由で幼稚園・保育園・学校に提示することも可能である。地域でその子の発達を支えるための基礎資料である。

そのあとも、親の理解や気持ちのモニターは続ける。一気に障害受容が進むことは少なく、少しずつ理解が進めば十分である。衝撃が強い場合は、SWをはじめ、スタッフによる支持的な姿勢が不可欠である。

（２）療育でできること

療育で行うことを表２に示す。当センターは平成20（2008）年開所

と新しいこと、一市一センターで8年ごとに指定管理の更新があること、職員の熱意が高いことなどから、利用者に役立つ取組が可能となっている。ただ、センターにより支援は様々であることは強調しておきたい。

表2　療育でできること

①	発達特性をアセスメントする。目の前の状況だけでなく、生活全体に目配りする。
②	子供を取り巻く家族や集団（園や学校）の環境をアセスメントする。
③	診断する。医学的鑑別診断を行い、発達上の診断名を伝え、家族に理解してもらう。
④	環境を調整する。一人一人の発達特性に合った環境を設定し、関わり方を伝える。
⑤	関係機関と連携する。園・学校・保健センター・児童相談所などと情報交換をする。
⑥	リハビリやカウンセリングをする。必要に応じて、訓練や相談の指示を出す。
⑦	薬物療法を検討する。環境調整だけで不十分であれば、薬物療法を導入する。
⑧	介入の効果をモニターする。効果が乏しければ、アセスメントや支援内容を見直す。
⑨	支援のゴールを考える。様々な支援が自足できるようになることを目標とする。

（3）医療でできること

発達障害の支援では「医療でできること」が少ない。安易に頼られ当惑することもある。医療でできることは何であろう？

まず、診断について考える。身体疾患のような因果論に基づいた「医療モデル」、つまり「原因をみつけて診断・治療する」という構図ではない。現時点では、症状を寄せ集めた「症候群」としての診断である。

したがって、特別支援教育を含め、現場では診断を待ってはいけない。「一人一人の教育的ニーズを見とり、適切な指導及び必要な支援を行う」ことが大切であり、診断名はそれを補足するにすぎない。

余談であるが、腕のよい支援者は、診断名がなくても的確なアセスメントと適切な支援を実践している。「診断がないので特別な配慮はしない。みんなと同じ、普通の対応でいく」というのは言語道断である。

リハビリの指示はどうであろうか。理学療法士・作業療法士・言語聴覚士は、「医師の指示のもとに」という法律上の枠組みがあり、公認心理師法でも「主治の医師があるときは、その指示を受けなくてはならない」と規定されている。しかし、これには形式的な要素もあろう。

結局のところ、医師免許が必要な医療行為は、薬物療法だけである。しかし、薬物療法は発達障害の根本治療ではない。詳細は後述する。
　支援は医師なしでもできる。医療との連携も必要だが、医師に頼らずに有効な支援を組み立てられるかが、支援者の腕の見せどころであろう。

③ 連携の実際

　前置きはこれくらいにして、実際の連携での配慮点を述べていく。

(1) 保護者の気持ちを考える

　我が子が発達障害であることは、どれほどのものであろうか？
　以前より発達障害への偏見は減り、療育のハードルも下がっているとは言え、保護者の心情に思いを馳せ、丁寧な橋渡しをして欲しいと思う。丁寧さを欠く連携では、受診は途絶し、専門家への不信感ばかりが残る。
　紹介時期も熟慮したい。親の心情が熟さないうちに受診させると、拒否反応が出て、うまくいかない。
　本稿で筆者に与えられたタイトルは「早期発見と早期支援」である。ここで言う早期とは、絶対的早期、つまり、3歳前後のイメージであろう。しかし、発達障害のすべてが早期に受診するわけではない。現に、筆者の勤務する施設では、6歳を過ぎ、小学校に入ってからの初診ケースが半数以上に及ぶ。
　つまり、支援の門を叩いたときがそのケースにとっての「早期」である。受診のタイミングが遅く感じられても、決して非難してはいけない。
　ちなみに、初診時に心がけているのは、①相談に至るまでのためらいや葛藤に想いを馳せ、大変さをねぎらう、②これまで何とかなってきた利点、本人や環境のよいところを見つけ支援に活かす、である。

（2）受診の勧め方

　親もいろいろで、障害を否定したい親、半信半疑の親、全く心配していない親、専門機関に過度の期待を寄せている親など、様々である。
　まず、良好な教師・保護者関係が前提である。受診するように言われ、仏頂面で渋々来談した親が、教師批判を繰り返し、子供の明らかな発達課題まで話が進まない、ということはしばしばある。
　勧めるとき、「とりあえず療育センターに行ってください」という表現は避けてほしい。「とりあえず言われたから来ましたが、親も子供も特に困っていません」と開き直られることがあるからだ。
　「大丈夫ですよ」という、教師にとっての気休め的な表現も避けて欲しい。親にとっては「大丈夫＝障害がない」と誤解しがちだからである。
　「療育センターなんか行きたくない」と思っている親も多い。曖昧な表現や気持ちで勧めても、うまくつながらない。教師にも覚悟が要る。
　できるだけ具体的に、教師として専門機関に紹介しなければならない目的（表3）について、穏やかに、しかし毅然と伝えて欲しい。

表3　受診の目的

①	その子にはどんな特性があるのか（見取り・アセスメント）。
②	その子にとって適切な関わり方や支援策は何か（対応の工夫）。
③	診断をつける（支援の対象が明瞭になる）。
④	学校と医療機関で連携する（もちろん、親も一緒に考えていく）。
⑤	必要ならば訓練や薬物療法をする（学校からの提案があってもよい）。

　例えば、「学校もよりよい対応を考えたいので、教育以外の専門家のアイディアが欲しい」、あるいは、正直に「家庭では困ってないかもしれないが、学校としてはどう対応していいか困っている」と言ってもよい。「どうしたらよくなるか」という熱意を伝えることが大切である。
　親が被害的に捉えないために、子供にレッテルを貼る意図はないことも伝えたい。診断名は支援の方向付けのためにあるのだ。
　1回の勧めでつながることは珍しい。機が熟し、覚悟が定まるまで、

何回か、あるいは、何年も専門機関への勧めを繰り返して欲しい。

今つながらずに数年後につながったとしても、昔、受診を勧められたことは、必ず活きてくる。反対に、教師が発達の心配をしていても、それを親に一切伝えなかった場合では、「これまでは発達には問題がありませんでした」という認識になってしまうこともあり得る。

(3) 情報伝達のポイント

連携の最大の目的は、子供に対する適切な支援策を見つけることである。適切な支援策を検討するには、正確なアセスメントが必要であり、それには、いろいろな情報が必要である。

発達障害には「状況依存性」があり、場面によって状態が一変する。診察室の様子や、家族の話だけでは不十分である。医師としては、学校での生活を是非知りたいと思う。例えば、学習の到達度、課題への取組の姿勢、休み時間の様子、友達関係、家庭背景などの観点から情報を伝えられるとよい。

伝え方も大切である。基本的には情報は簡潔を旨としたい。診察は短く、長い文書だと読むだけで精一杯で、ポイントを読み落としかねない。止むを得ず長くなった場合は、重要点をマーカーなどで強調して欲しい。

ただ、連携相手によっては、どんな情報をどんなやり方で伝えて欲しいかについて、好みが別れる。筆者は簡潔な文書を好むが、事前に詳細な情報を要求する医師もいる。顔の見える関係になり、相手の特性や癖などが分かると、より有効な連携になると思う。

手段としては、文書による伝達が一般的である。その他に、電話、診察への同席、メール、ケース会議など様々な手段を駆使したい。

(4) 個人情報の扱いと支援のゴールについて

連携には保護者の同意が必須である。同意書までは不要とも思うが、手元の記録に「連携について保護者の了解済み」との記載は欲しい。

●事例12　早期発見と早期支援（医療との連携）

個人情報を盾に必要な情報が流れない場合がある。担任が替わっても必要な情報は引き継がれていると親は思うが、実際にはそうでないこともある。教師が変わるたび、親は一から話をして疲弊する。同一機関内で個人情報が滞るのは言語道断である。個人情報も大切だが、適切な支援策を継続的に行っていくことが最大のミッションであろう。

余談だが「色メガネで見たくないから」と引き継ぎを見ない教師がいる。情報と色メガネ（偏見？）を勘違いしているとしか思えない。

連携後のフィードバックも不可欠である。連携をして、ケースのアセスメントや支援策が学校と医療で共有されたのであるから、それを保護者にも伝える。フィードバックがあってはじめて有効な連携になる。

いろいろな情報を関係者全員で「共有」し、よりよい対策をみんなで考えていく。それにより成功体験が積み重なり、家族や本人の当事者能力が育っていく。つまり、特性を把握し、有効な対策を周りに伝え、本人の生活がスムーズになっていくこと、これが支援のゴールである。

（5）薬物療法に関して

薬物療法でも所属集団からの情報が不可欠である。

まず、薬物療法の適応の有無の判断である。家庭では困難が顕在化していなくとも、集団では状況が一変する子供は多い。親は薬物療法の必要を感じていなくても、学校現場からの必要性は大切な情報である。的外れを恐れず、学校からも薬物療法の提案があってよい。

効き目に関しても、診察室だけでは判断が難しい。投薬後の学校での変化、つまり、よくなった点（作用）と悪くなった点（副作用）などを伝えて欲しい。親経由でもよいし、簡単なメモでもよい。

薬物療法に当たっての留意点を**表4**に、投薬時に筆者が説明していることを**表5**に示す。教師にも是非知っていただけると助かる。

表4　薬物療法に当たっての留意点

①	ケースのアセスメントもせず薬物に飛びつかない。
②	薬は根治療法にはならず、対処（症）療法でしかない。
③	しかし、悪循環を断ち切り成長をサポートする意義はある。
④	薬物治療の目標と見通しをていねいに説明する。
⑤	少量投与をこころがける。
⑥	飲み心地や効き具合を問いながら投与量や種類を調整する。
⑦	標的症状が改善されたら中止を試みる。

表5　薬物療法に当たって説明していること

①	薬物療法は、あくまで、「試み」であること。
②	標的症状：内服するとどんな効果が期待できるのか？
③	内服方法：1日何回か？毎日飲むのか？
④	内服期間：効果がある場合は、数か月数年単位の内服になる。
⑤	想定される副作用：薬により様々。
⑥	副作用時の対応：様子を見てよい場合と、処方医に問い合わせた方がよい場合。
⑦	効果判定について：いつ頃、どんな変化が現れるのか。
⑧	効果がないときのオプション：投与量を変えるのか？　別の薬を試すのか？
⑨	薬をやめてよいタイミング：薬の力を借りなくても同様の効果が達成できたとき。

4　事例提示

　経験した事例をもとにケースを提示する。当センターは連携しないケースが稀で、「典型的な連携事例」は存在しないことをお断りしておく。

（1）自閉症に知的障害を合併したケース

　言葉の遅れで3歳6か月時に保健福祉センターからの紹介で来所。新版K式発達検査ではDQ60で、典型的なカナー型の自閉症であった。
　療育では、①心理士による個別療育、②作業療法士による感覚統合訓練、③通園療育などを行った。始語は4歳8か月だったが、療育の中でコミュニケーションや社会性は着実に伸びていった。
　5歳から地域の幼稚園への並行通園を行った。幼稚園では補助スタッフがつき、適応は予想外に良好であった。当センターの通園スタッフや

SW が年に 2 回程、幼稚園訪問をして、担任や園長と情報交換をした。

6 歳の田中ビネー知能検査Ⅴでは IQ88 であった。小学校は支援級判定であったが、両親のたっての希望で通常級に進学した。入学に際し、療育センターから学校への申し送りを行った。現在小 3 であるが、周囲の理解に恵まれ、学習・対人と大きなトラブルは顕在化していない。

(2) 学習不振を主訴に来所したケース

小 2 のときに学習不振を主訴に、学校からの勧めで来所。家族は以前から発達の遅れを心配していたが、集団不適応が少なく指摘もなかったため受診はなかった。初診時の WISC-Ⅳでは FSIQ77（言語理解 82、知覚推理 80、ワーキングメモリー 73、処理速度 88）、自閉特性は認めなかった。学習困難の自覚はあり自信のなさが顕著であった。アセスメントを家族と学校に伝え、小 3 から支援級に移行し順調に経過している。

このようなケースでは、医療や療育で果たすべき役割はほぼ皆無であるが、発達のアセスメントと、その伝達を当センターから行った。本来は、教育相談センターなどで果たす役割と思われる。

(3) のちに虐待が判明したケース

5 歳時に著しい多動と集団不適応にて、幼稚園からの勧めにて来所。WISC-Ⅲでは FIQ90。園だけでなく診察室でも著しい多動であり、ADHD と診断し、療育や薬物療法を行ったが全く改善しなかった。

小学校の通常級に入学し、対人トラブルがエスカレートする中、児の外傷から、父親の身体的虐待が発覚し、児童相談所の介入が行われた。

身体的虐待は影を潜めたが、「うちの子供ではない」「死んでしまえ」など精神的虐待が続いた。些細なきっかけで暴れることは増え、学習の積み重ねもできず、小 6 の WISC-Ⅳでは FSIQ70 と知的障害域に陥った。

父親は支援級への移籍のみならず通常級での配慮も拒否し、「同じ教室で同じ内容の学習を受けさせる、それが学校や教師の専門性」と一方

的に要求するだけであった。母親のうつによるネグレクトも発覚した。

長年、学校、児童相談所、教育委員会、療育センターでの連携を続けているが、家族の問題が大きく、関係者一同対応に苦慮している。

（4）不登校を経験したケース

初診は小2。転居前にADHD（不注意優勢型）と診断され、薬物療法（アトモキセチン）の継続を主訴として来所。WISC-IIIではFIQ117（VIQ130、PIQ104）と凸凹が目立ち、臨床的にもADHDより自閉スペクトラム症（アスペルガー・タイプ）とするのが妥当であった。新しい診断を親と学校にも伝え、対応が工夫され、しばらく安定していた。

小5から不登校に陥った。教師の強い叱責とそれに付随したいじめが発覚した。連携しても対応は改善せず、クラスも落ち着かなかった。

小6になり担任やクラスは安全になったが、いじめを思い出し、不登校は継続した。情動不安定にアリピプラゾール3mgを追加している。

少し離れた中学に入学し、心機一転、登校は再開されている。中学には、母親が児の特性と対応の要点を的確に伝え、受け入れも良好であった。療育センターと中学の直接連携はしないで済んでいる。

このように、家庭が学校と的確に連携できるよう、療育センターが下支えをすることが、理想的な在り方であろうと思う。

放課後等デイと学校等との連携

● 事例 13 ●

千葉県立市川特別支援学校 教諭　**西原数馬**

1　教育と福祉の連携の重要性

　近年、知的障害特別支援学校に在籍する児童生徒の教育の充実のために、医療、保健、福祉、労働等の関係機関との連携を図り、長期的な視点で、一貫した的確な支援を行う必要性が強調されている（文部科学省、2009）。児童生徒や保護者と日々接する学校が、地域の福祉の現状や制度を積極的に学びながら、福祉機関の活用や連携を行っていくことが不可欠である（平野・大越・山本、2015）。「学校から一歩外に出たところは福祉が対応すべきという発想」ではなく、他機関との連携の中で「学校として何が、どこまでできるのか」ということを考えていく必要がある（河合、2015）。

　福祉機関との連携を考える際、近年、学校が連携する意義が急速に高まっているのは、放課後等デイサービス事業所（以下「デイ」という）である。以下、学校とデイの連携について論じたい。

2　放課後等デイサービスの現状

（1）デイの利用者数・事業所数の急増

　デイは、平成24（2012）年の児童福祉法改正による制度創設以降、

今日に至るまで利用者数、事業所数とも急増を続けている（厚生労働省、2016）。事業所数の急増については図1を参照されたい。

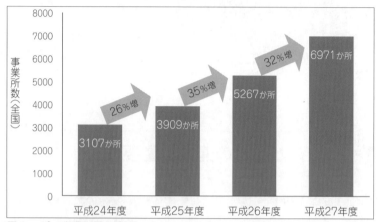

図1　デイ事業所数の急増
（厚生労働省〔2016a〕より作成）

筆者の所属校の小学部では92％の児童がデイを利用しており、下校時には毎日約30台ものデイの送迎車が来校する（**写真1**）。現在、都市部の知的障害特別支援学校は、本校と同様の状況である。放課後の学校の風景が大きく変わり、児童生徒や家庭にも新しい風が吹き込まれた。

写真1　児童生徒下校時に特別支援学校に来校するデイの送迎車

以前は、放課後や休日において、障害のある子供の地域での居場所が少なかった。思春期の子供が、家の中でビデオばかりを見て母親と過ごしているという時代もあったと言われている（山本、2015）。また保護者にとっても、放課後子供から常に目が離せず精神的・肉体的負担が多大であったため、長年にわたり、放課後や休日にサービスの利用をしたいというニーズは強かった（山本、2015）。それに対して事業所の数が少ないという時代が長く続いていたが、平成24（2012）年に放課後等デイサービスが創設されると、事業所の指定基準が緩和されるとともに、学校への送迎が加算の対象となり、事業所が一気に増加することとなった。

（2）デイの活動の実際

デイが具体的にどのような活動をしているのか、例を挙げたい。図2に示したデイAでは、平日は2時30分にデイの送迎車が子供を学校に迎えに来て、6時頃に、デイの送迎車が家庭に子供を送り届ける。活動内容はデイによって様々であり、外出をしたり、季節のイベントを行ったり、制作活動をしたりしている。また、ST・PT・OTなどの専門職を配置して、専門性の高い療育を行うデイもある。ただし、支援の技術が十分ではないデイの参入も相次いでおり、デイによって支援の質に大きな差があることも課題となっている（厚生労働省、2016b）。

14:30	下校時、学校への迎え（デイの送迎車）
15:00	おやつ
15:30	制作、療育、外出、自由遊び等
17:50	帰りの会
18:00	家庭まで送迎（デイの送迎車）

図2　デイAのプログラムの例（平日）

(3) デイと学校の個別の支援計画

　一人一人の子供に対して学校側は「個別の教育支援計画」と「個別の指導計画」を作成しており、福祉機関側でも一人一人の子供に対して「障害児支援利用計画」と「個別支援計画」を作成している。

　学校側の「個別の教育支援計画」は、障害のある児童生徒について、「学校生活だけでなく家庭生活や地域での生活も含め、長期的な視点に立って幼児期から学校卒業後までの一貫した支援を行う」ために「家庭や医療機関、福祉施設などの関係機関と連携し、様々な側面からの取組を示した計画」である（文部科学省、2009）。「個別の指導計画」は、「個別の教育支援計画」を踏まえて、学校での指導の目標や内容、配慮事項などを示した計画である（文部科学省、2009）。

　福祉機関側の「障害児支援利用計画」は、相談支援専門員が「障害児の家庭を訪問するなどし、利用時の心身の状況、保護者の意向やそのおかれている家庭環境などを把握したうえで、適切な保健、医療、福祉、教育、就労支援などのサービスの総合的かつ効率的な提供に向けて」作成する計画である（全国児童発達支援協議会・障害児者相談支援事業全国連絡協議会、2016）。デイの「個別支援計画」は、「障害児支援利用計画」を踏まえて、デイにおける総合的な支援目標及び達成時期、生活全般の質を向上させるための課題、支援の具体的内容、支援を提供する上での留意事項を記載した計画である（厚生労働省、2015）。

　つまり、学校側と福祉機関側で、同じ構造の「個別の支援計画」を作成していると言える（加瀬、2014）。相互の「個別の支援計画」の関係を図3にまとめた。

図3　学校側・福祉機関側相互の「個別の支援計画」の関係

3 学校とデイの連携

(1) 連携に関する国の施策

そもそもデイの定義は「学校通学中の障害児に対して、放課後や夏休み等の長期休暇中において、生活能力向上のための訓練等を継続的に提供することにより、学校教育と相まって障害児の自立を促進するとともに、放課後等の居場所づくりを推進する事業」(厚生労働省、2012) であり、学校との連携は必須であると言える。

厚生労働省・文部科学省連名の通知 (2012) は、学校とデイが緊密な連携を図るとともに、学校とデイの相互の個別の支援計画が連携していくことが望ましいとしている。「放課後等デイサービスガイドライン」(厚生労働省、2015) も、学校とデイで連携を積極的に図ることを求めている (表1)。文部科学省 (2015) も「『放課後等デイサービスガイドライン』にかかる普及啓発の推進について (協力依頼)」を出し、各都

表1 「放課後等デイサービスガイドライン」に記載されているデイと学校との具体的な連携方法の概要

1　子どもに必要な支援を行う上で、放課後等デイサービス事業所と学校との役割分担を明確にし、連携を積極的に図ること。
2　年間計画や行事予定等の情報を交換等し、共有すること。
3　送迎を行う場合には、他の事業所の車両の発着も想定され、事故等が発生しないよう細心の注意を払う必要があることから、誰が、どの時間に、どの事業所の送迎に乗せるのかといった送迎リストや、身分証明書を提出する等ルールを作成し、送迎時の対応について事前に調整すること。
4　下校時のトラブルや子どもの病気・事故の際の連絡体制 (緊急連絡体制や対応マニュアル等) について、事前に調整すること。
5　学校との間で相互の役割の理解を深めるため、保護者の同意を得た上での学校における個別の教育支援計画等と放課後等デイサービス事業所における放課後等デイサービス計画を共有すること。
6　医療的ケアの情報や、気になることがあった場合の情報等を、保護者の同意のもと、連絡ノート等を通して、学校と放課後等デイサービス事業所の間で共有すること。

文部科学省 (2015) からの引用

道府県教育委員会等に対して、所管の学校や域内の市町村教育委員会に対してガイドラインの周知を依頼している。

（2）学校とデイの連携の実際

以上のような状況を受けて、今日、学校とデイの間で様々な情報交換や連携が行われている。筆者がA県内の知的障害特別支援学校を対象として質問紙調査を行ったところ、**表2**のような取組が行われていた。

表2　知的障害特別支援学校とデイの連携の実践例

- 毎日、送迎時にその日の様子を教員からデイ職員に伝えている。
- 児童生徒への指導・支援について、教員とデイ職員で話し合う機会を持っている。
- 相談支援専門員の呼びかけで、教員・デイ・保護者が参加する個別の支援会議を持ち、子供への指導・支援の方向性について共通理解を図ったことがある。
- 夏季休業中に、教員がデイの見学に行ったり、教員がデイの活動を1日体験する機会を持ったりしている。
- 特別支援学校の学校公開にデイ職員が参加し、授業の様子を見学している。
- 学校とデイ相互の「個別の支援計画」をサポートファイル[1]の中に入れ、必要に応じて関係機関に提示するように保護者に呼びかけている。
- 学校が作成する個別の教育支援計画に、デイでの目標を記入している。
- 「学校だより」の記事でデイの制度について説明したり、デイについての情報を掲示するコーナーを校内に設けたりして、教員や保護者の啓発を図っている。
- デイが雇用している専門職を、学校の校内研修会の講師として招聘している。
- 児童生徒を学校に送迎に来るすべてのデイを学校に招き、「情報交換会」を開催している（「送迎の際の車の駐車位置の確認」「児童生徒の引き渡し方法の確認」「災害時や児童生徒体調不良時の対応の確認」「相互の教育・療育活動についての情報交換」などを行っている）。

また他県においても、学校とデイの連携に関する実践報告が見られる（岡田、2013；和田・栗林・池田、2015；田中、2015）。岡田（2013）は、デイ職員、相談支援事業所職員、そして教員が相互の実践記録を報告し合う「実践交流会」について報告している。和田ら（2015）は学校とデイで生徒についての目標や支援方法を共有し、一貫性のある指導・支援を行った事例を報告している。田中（2015）は学校・デイ・相談支援事業所が一堂に会する個別の支援会議を行った事例を報告している。

学校とデイの連携は、個人情報の保護など様々な課題があり、各学校

において手探りで工夫している段階である。しかし、上記のような取組も積み重なってきており、学校とデイの連携に関する調査研究も多く見られるようになってきた（丸山、2011；伊藤・安井、2014；吉野、2015；村山、2016）。今後、連携に関する実践や研究がさらに深まり、学校とデイで相乗的に子供の成長を促進していけるようになっていくことが期待される。

【注】
1）障害のある子供本人に関する様々な情報や、関係機関の支援計画を一冊にまとめたファイルであり、保護者が保持し、保護者から関係機関に提示する。文部科学省・厚生労働省が作成を推奨し、各県・各市町村において「ライフサポートファイル」「相談支援ファイル」など独自の名称を使用し、様式を作成して配付を進めている（井上、2013）。

【参考文献】
平野美佐子・大越千鶴・山本弘志（2015）「相談支援から見た障害児と家族・家庭の困難」『障害者問題研究』42（4）、pp.46-51
井上和久（2013）「サポートファイルの活用と普及への課題と対応に関する一考察—A市の保健センター、療育機関、特別支援学校が連携した取り組みから」『小児保健研究』72（1）、pp.65-71
伊藤功・安井友康（2014）「児童デイサービス職員が特別支援教育機関と連携する際に生じる課題—「経験と思い」に関するインタビュー調査の質的分析から—」『北海道特別支援教育研究』8（1）、pp.21-29
河合隆平（2015）「障害のある子どもの生活・養育困難と特別支援学校の教育・福祉的機能」『障害者問題研究』42（4）、pp.2-9
加瀬進（2014）「近年の「個別の支援計画」をめぐる実践・研究・政策の動向と課題」『東京学芸大学紀要総合教育科学系』65（2）、pp.157-164
厚生労働省（2012）「児童福祉法の一部改正の概要について」
厚生労働省（2015）「放課後等デイサービスガイドライン」
厚生労働省（2016a）「平成27年度 社会福祉施設等調査の概況」
厚生労働省（2016b）「全国厚生労働関係部局長会議（厚生分科会）資料」
厚生労働省・文部科学省（2012）「児童福祉法等の改正による教育と福祉の連携の一層の推進について」
文部科学省（2009）「特別支援学校学習指導要領解説」
文部科学省（2015）「「放課後等デイサービスガイドライン」にかかる普及啓発の推進について」
丸山啓史（2011）「障害のある子どもの放課後活動と学校との連携をめぐる実態と課題」『SNEジャーナル』17（1）、pp.203-216
村山洋平（2016）「放課後等デイサービス事業所と学校との連携の実態に関する調査研究」上越教育大学特別支援教育コース平成27年度修士論文
岡田徹也（2013）「特別支援学校と放課後活動の地域連携—語り合うなかで見えてくる子

どもの願い―」『障害者問題研究』41（2）、pp.48-53
田中洋子（2015）「教育と福祉をつなぐ」『第 38 回全国特別支援教育振興協議会報告書』pp.33-36
和田充紀・栗林睦美・池田弘紀（2015）「特別支援学校における「個別の教育支援計画」「個別の指導計画」の活用に関する一考察」『富山大学人間発達科学部紀要』10（1）、pp.203-216
山本佳代子（2015）「障害のある子どもの放課後活動における制度化の展開」『西南女学院大学紀要』19、pp.79-88
吉野直子（2015）「学校・家庭・デイサービス間の信頼関係の構築―放課後等デイサービスのスタッフの視点を中心に―」『学校臨床心理学研究』12、pp.35-50
全国児童発達支援協議会（2015）『障害児通所支援ハンドブック』エンパワメント研究所
全国児童発達支援協議会・障害児者相談支援事業全国連絡協議会（2016）『障害児相談支援ハンドブック』エンパワメント研究所

児童発達支援と幼・保・学校等の連携

上智大学 教授 **大塚 晃**

1 児童発達支援について

児童発達支援は、児童福祉法によれば「障害児につき、児童発達支援センターその他の厚生労働省令で定める施設に通わせ、日常生活における基本的な動作の指導、知識技能の付与、集団生活への適応訓練その他の厚生労働省令で定める便宜を供与することをいう」とされている。児童発達支援は、障害のある子供の発達を促す多様な支援と捉えれば児童発達支援センターや児童発達支援事業における支援のみならず、放課後等デイサービスや保育所等訪問支援を含むものである。このような支援と学校等との連携について記述する。

(1) 障害者自立支援法の改正と障害児

障害者自立支援法3年後の見直しにおいて、障害児支援の在り方の全体についても検討がなされ、「障害児支援の見直しに関する検討会報告書」が出された。報告書によれば、障害児は子供としての育ちを保障するとともに、障害についての専門的な支援を図っていくことが必要である。しかし他の子供と異なる特別な存在ではなく、他の子供と同じ子供であるという視点を欠いてはならないとされた。今後の支援の基本的な視点として、①本人の将来の自立を見据えた発達支援、②障害児本人の支援のみならず家族を含めたトータルな支援、③子供のライフステージ

に応じた一貫した支援、④身近な地域における支援の四つを柱とする改革の方向性が示された。

　このような報告書や社会保障審議会の意見を受け、平成22（2010）年に障害者自立支援法等の一部改正が行われた。障害児施設については、これまで肢体不自由児通園施設、知的障害児通園施設、難聴児通園施設の通所サービスと肢体不自由児施設、知的障害児施設、重症心身障害児施設等の入所サービスに大きく分かれていたが、平成22（2010）年12月の児童福祉法の改正により、それぞれ障害児通所支援と障害児入所支援（それぞれ医療型と福祉型がある）となり、平成24（2012）年度から実際の支援がなされている。

　障害児通所支援では、日常生活における基本的な動作の指導、知識技能の付与、集団生活への適応訓練等を行う発達支援センター、授業の終了後又は休業日に生活能力の向上のために必要な訓練、社会との交流の促進を行う放課後等デイサービス、保育所等を訪問し、当該施設における障害児以外の児童との集団生活への適応のための専門的な支援を行う保育所等訪問支援などが新たな児童福祉サービスとして児童福祉法に位置付けられた。また、障害児相談支援については、障害児支援利用援助により支援計画の作成が義務付けられ、継続障害児支援利用援助（モニタリング）が必要に応じて実施され、障害者ケアマネジメントが制度化された。

（2）児童発達支援センター及び児童発達支援事業について

　一般的には、障害のある未就学の子供のための通所支援の一つとして児童発達支援がある。児童の発達について専門的な支援や相談支援などに応ずる地域の総合的な発達支援の中核となる児童発達支援センターと地域におけるきめ細かい支援に応ずる児童発達事業所がある。いずれも児童発達支援の内容は、①本人の発達支援、②家族の支援、③連携を含む地域支援が考えられる。児童発達支援センター等は、主に未就学の障

害のある子供又はその可能性のある子供に対し、個々の障害の状態及び発達の過程・特性等に応じた発達上の課題を達成させていくための本人への発達支援を行うほか、子供の発達の基盤となる家族への支援に努めるものとされている。また、地域社会への参加・包容（インクルージョン）を推進するため、保育所、認定こども園、幼稚園、小学校、特別支援学校（主に幼稚部及び小学部）等（以下「保育所等」という）と連携を図りながら支援を行うとともに、専門的な知識・経験に基づき、保育所等の後方支援に努めなければならないとされている。特に、児童発達支援センターは、地域における中核的な支援機関として、保育所等訪問支援や障害児相談支援、地域生活支援事業における巡回支援専門員整備や障害児等療育支援事業等を実施することにより、地域の保育所等に対し、専門的な知識・技術に基づく支援を行うよう努めなければならないとされている。

　平成29（2017）年7月に厚生労働省より各都道府県に発出された「児童発達支援ガイドライン」においては、健康・生活、運動・感覚、認知・行動、言語・コミュニケーション、人間関係・社会性の5領域において児童発達支援センター等が提供すべきサービス内容について具体的に記述するとともに、障害のある子供の態様に応じてできるだけ速やかに保育所・幼稚園等への移行支援を実施するものとされている。また、児童発達支援センター等から小学校や特別支援学校（小学部）に進学する際には、児童発達支援計画と個別の教育支援計画等を含め、子供の発達の連続性を図るため、情報共有を図るものとしている。

（3）福祉と教育等との連携について

　平成24（2012）年度からスタートした新たな児童発達支援の制度に合わせて、厚生労働省と文部科学省の連名通知が発出され、福祉と教育の連携の必要性が通知されるとともに、具体的連携方策として福祉分野の相談支援事業所等の相談支援専門員が作成する障害支援利用計画及び

サービス管理責任者が作成する個別支援計画と、学校の教員等が作成する個別の教育支援計画及び個別の指導計画の連携が通知された（図1）。

```
児童福祉法等の改正による教育と福祉の連携の一層の推進について（概要）
（平成24年4月18日付厚生労働省社会・援護局障害保健福祉部障害福祉課、文部科学省初等中等教育局特別支援教育課連名事務連絡）
◆ 趣旨
　学校と障害児通所支援を提供する事業所や障害児入所施設、居宅サービスを提供する事業所（以下「障害児通所支援事業所等」という。）が緊密な連携を図るとともに、学校等で作成する個別の教育支援計画及び個別の指導計画（以下「個別の教育支援計画等」という。）が障害児相談支援事業所で作成する障害児支援利用計画及び障害児通所支援事業所等で作成する個別支援計画（以下「障害児支援利用計画等」という。）が、個人情報に留意しつつ連携していくことが望ましい。

◆ 留意事項
1 相談支援
　障害児支援利用計画等の作成を担当する相談支援事業所と個別の教育支援計画等の作成を担当する学校等が密接に連絡調整を行い、就学前の福祉サービス利用から就学への移行、学齢期に利用する福祉サービスとの連携、さらには学校卒業に当たって地域生活に向けた福祉サービス利用への移行が円滑に進むよう、保護者の了解を得つつ、特段の配慮をお願いする。
2 障害児支援の強化
（1）保育所等訪問支援の創設
　このサービスが効果的に行われるためには、保育所等訪問支援の訪問先施設の理解と協力が不可欠であり、該当する障害児の状況の把握や支援方法等について、訪問先施設と保育所等訪問支援事業所、保護者との間で情報共有するとともに、十分調整した上で、必要な対応がなされるよう配慮をお願いする。
（2）個別支援計画の作成
　障害児通所支援事業所等の児童発達支援管理責任者と教員等が連携し、障害児通所支援における個別支援計画と学校における個別の教育支援計画等との連携を保護者の了解を得つつ確保し、相乗的な効果が得られるよう、必要な配慮をお願いする。
```

図1　児童福祉法等の改正による教育と福祉の連携の一層の推進について（概要）
（出典：厚生労働省）

連携の際、情報の共有が重要とされている。平成28（2016）年改正の発達障害者支援法においては、第9条の2において、「国及び地方公共団体は、個人情報の保護に十分配慮しつつ、福祉及び教育に関する業務を行う関係機関及び民間団体が医療、保健、労働等に関する業務を行う関係機関及び民間団体と連携を図りつつ行う発達障害者の支援に資する情報の共有を促進するため必要な措置を講じるものとする」と法律に規定された。

平成29（2017）年7月24日に厚生労働省より「児童発達支援ガイドライン」が、発出された。

児童発達支援センターと学校などとの連携に関して、

子どもが成長し、児童発達支援センター等から小学校や特別支援学校

（小学部）に進学する際には、児童発達支援計画と個別の教育支援計画等を含め、子どもの発達支援の連続性を図るため、保護者の了解を得た上で、児童発達支援計画の内容だけでなく、子ども本人の発達の状況や障害の特性、児童発達支援センター等で行ってきた支援内容等について情報共有を図り、円滑に支援が引き継がれるようにすることが必要である。

また、児童発達支援センターにおいては、小学校や特別支援学校（小学部）への保育所等訪問支援等の実施により、子どもの支援が継続できるようにしていくことも必要である。

とされている。

今後は、児童発達支援センターなどから学校への移行支援が情報の共有を図りながら、本格的に実施されていくことになる。

2 放課後等デイサービスについて

放課後等デイサービスは第6条の2の2の第4項において、「学校教育法〔略〕に規定する学校（幼稚園及び大学を除く。）に就学している障害児につき、授業の終了後又は休業日に児童発達支援センターその他の厚生労働省令で定める施設に通わせ、生活能力の向上のために必要な訓練、社会との交流の促進その他の便宜を供与することをいう」と規定されている。それまでは、児童デイサービスと言われ、学齢児を含む児童の発達支援や放課後等の預かりを提供する事業であった。

平成22（2010）年12月には障害者自立支援法の改正法案が成立し、放課後等デイサービスが法律に位置付けられた。平成24（2012）年4月から施行され、それ以後、放課後等デイサービスの利用者は激増している。平成24（2012）年度から平成28（2016）年度の4年間で事業所数は2500か所から8300か所へ、総費用額も476億4200万から1445億8600万へと増え、持続可能な制度となっているかが問われている。また、支援の質が低い事業所や適切ではない支援を行う事業所が増えていると

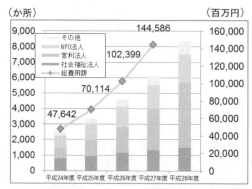

図2 放課後等デイサービス事業所数・総費用額
（出典：厚生労働省社会・援護局障害保健福祉部障害福祉課）

の指摘がなされている（図2）。

このように、放課後等デイサービスは、事業が提供されて利用する児童の数は右肩上がりに増加し、提供される支援の内容は多種多様であり、支援の質の観点からも大きな開きがあるとの指摘がなされていた。このような状況を踏まえて、平成26（2014）年7月に取りまとめられた障害児支援の在り方に関する検討会報告書「今後の障害児支援の在り方について」において、「支援の一定の質を担保するための全国共通の枠組みが必要であるため、障害児への支援の基本的事項や職員の専門性の確保等を定めたガイドラインの策定が必要である。特に、平成24年度に創設した放課後等デイサービスについては、〔略〕早期のガイドラインの策定が望まれる」との提言がなされた。これを受けて国は「放課後等デイサービスガイドライン」を作成し、平成27（2015）年4月1日に発出した。放課後等デイサービスガイドラインの重要な部分は、福祉と教育の連携である。

放課後等デイサービス事業所の児童発達支援管理責任者は、児童それぞれの個別の教育支援計画を作成する。そのためには、放課後等デイサービスの事業者は、学校等の間で相互の役割の理解を深めていく必要がある。事業所の児童発達管理責任者等は、学校の特別支援教育コーディネーターから、個別の教育支援計画等についての情報を受けるとともに、逆に、事業所の児童発達支援管理責任者は放課後等デイサービス計画（個別支援計画）を特別支援教育コーディネーターに提供すること

も考えられる。それによりお互いが子供の状況や支援の目標をよく理解し合い、事業所や学校の現場にフィードバックさせれば、子供の支援に活かされることとなる。例えば、学校において毎週水曜日が体育等の授業でアクティブな活動であった

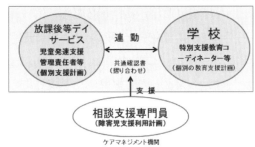

図3　福祉と教育の連携
（出典：筆者作成）

ら、その日の放課後等における支援はアクティブな活動は避けるなどの調整（「合理的配慮」と言ってよいかもしれない）が可能となる。これは、子供の必要な支援を行う上で、福祉と教育が役割分担を明確にして、連携して支援していく一つの形である。

　放課後等デイサービス計画は、相談支援専門員が作成する障害児支援利用計画における総合的な援助方針等を踏まえて作成するものである。また、児童発達管理責任者と特別支援教育コーディネーターが、お互いの計画を擦り合わせていくことが重要である。その際、相談支援専門員が企画・運営するサービス担当者会議に児童発達管理責任者と特別支援教育コーディネーターを招いて擦り合わせることもできる。何よりも、相談支援専門員、児童発達管理責任者、特別支援教育コーディネーター、そして保護者が同じテーブルにつく支援会議において調整を図っていくことが重要である（図3）。

3　事　例

　児童発達支援は、障害のある子供に児童発達支援センターその他の厚生労働省令で定める施設に通わせ、日常生活における基本的な動作の指

導、知識技能の付与、集団生活への適応訓練その他の厚生労働省令で定める便宜を供与することを言うものとされている。しかし、インクルーシブな環境における支援が必要な子供に対して、専門的な支援が必要でという理由にて発達支援センター等に通うことが子供の最善の利益となるであろうか。このような、課題に応えるために平成24（2012）年度からは、センターから保育所や学校等に専門家が出向いてサービスを提供する「保育所等訪問支援」が新設された。保育所等に専門家がアウトリーチで支援を行うことは、保育という日中の大半を過ごす場所を確保しつつ、そこで必要な支援を受けられることこそ子供の最善の利益にかなうものである。平成29（2017）年7月に発出された「児童発達支援ガイドライン」においても保育所等において専門的な支援が確保される必要があること、そのためにセンター等は可能な限り移行支援を行うことが明記された。

　長野県北信圏域では、平成2（1990）年国の「心身障害児（者）地域拠点施設事業」により在宅福祉を専門的に担当する職員（「コーディネーター」）を配置し、保護者の相談等に応ずるとともに、各種福祉サービス提供に関する援助・調整が始まった。コーディネーターは、平成8（1996）年、この事業の延長線で長野県独自のレスパイトサービスである「タイムケア事業」を立ち上げた。さらに、平成10（1998）年に「北進圏域障害者生活支援センター」をスタートさせた。このセンターは、臨床心理士1名、療法士1名、看護士3名、介護福祉士1名、保育士3名、ホームヘルパー5名と12名の常勤職員と数名のパートタイマー職員で構成されるものであった。

　長野県の北信圏域では、障害児の支援に関して早くから、福祉、教育、医療、保健、行政によるチームアプローチの支援体制が整えられてきた。この体制づくりは、療育コーディネーター（現在の相談支援専門員）が心理等の専門家などとともに圏域の保育所を毎日巡回することから始まった。保育所においては、園児の行動を観察しながら保育士さんと子

第9章 実践編
● 事例 14　児童発達支援と幼・保・学校等の連携

供の支援のためのプログラム作りを行い、家族支援を含めて連携を図ってきた。家族支援においては、1歳半・3歳児の検診に関わってきた保健師さんとの情報共有を積極的に図ってきた。必要に応じて、また、定期的に関係機関が集まり支援のマネジメント（調整）を行う「ケア会議」を開催してきた。このような専門家がアウトリーチで支援する仕組みが整うと、障害のある子供は門的な機関と言われる児童発達支援センターではなく、子供の日中の主たる生活の場である保育所において支援を受けることができることになる。チームのメンバーに、生まれたときから子供を知り家族の状況も見通せる保健師が参加することは、家族支援という意味からも大きな力となっている。また、地域の学校に入学する前から学校の教師がチームに参加することは、子供が保育所等に入所しているときから学校への受け入れを準備していることであり、保育所における支援や家庭における支援の情報の共有を図ることにより保育所から学校へのスムーズな移行支援（「繋ぎ」）を可能とするものである。移行期の配慮は、支援するものの受け入れる準備を構築することにより子供の混乱のリスクを減らすとともに、教師自身が配慮された教育に取り組むことでもある。また、家庭児童相談室の相談員という行政の職員がチームに参加することは、保育所における障害児のための保育士の加配などの行政的課題への解決に大きな力となってきた。このように障害児を中心にチームで関わり、定期的に支援会議を開始し、支援計画を一緒に作成しながら子供のライフステージを通して一貫して支援していくことは、子供や家族の負担や混乱

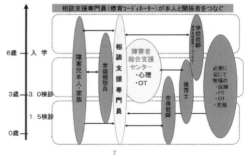

図4　障害児支援のシステム
（出典：筆者作成）

211

を少なくし、地域で安心して子育てできる環境を提供するものである（図4）。

　障害のある子供に対して、住み慣れた地域で、できるだけインクルーシブな環境において家族支援を含めた支援を行っていくことが重要である。また、保育所や放課後等児童健全育成事業などできるだけ一般施策の中で、また連携しながらチームで支援していくことは、障害児は障害を持つ児童である前に「子供」であるという視点から支援していくことである。障害者総合支援法や児童福祉法が目指す障害の有無にかかわらず障害のある人たちが地域で安心して生活できる地域社会を構築することを再認識させるものである。子供のころより共に学び遊び活動する社会を構築していくことが、その後の地域における豊かな生活につながる共生社会をつくっていくことではなかろうか。

　平成28（2016）年度から障害者差別解消法が施行されている。この法律の目指すところは、「障害を理由とする差別の禁止」と「個々の障害への合理的配慮」である。障害児への支援の中心となるべきものも、個々の児童のニーズに応じた「合理的配慮」に基づく支援であるべきであろう。それは、子供の自立に向けた発達支援と家族支援を一体的に提供することであり、障害のある子供と障害のない子供の地域において共生を実現していくことであると考える。

【参考文献】
大塚晃（2017）「障害のある児童への対応について」『基本保育テキスト12講』中央法規

共生社会の時代の特別支援教育　第3巻
連携とコンサルテーション
多様な子供を多様な人材で支援する

●

執筆者一覧

●

【編集代表】
柘植　雅義（筑波大学　教授）

【編　著】＊五十音順
大石　幸二（立教大学　教授）
鎌塚　優子（静岡大学　教授）
滝川　国芳（東洋大学　教授）

【編集幹事】
長山慎太郎（筑波大学大学院博士課程）

【執筆者】＊掲載順
柘植　雅義（上掲）	1章
鎌塚　優子（上掲）	2章、7章
飯田　順子（筑波大学　准教授）	3章
小野　昌彦（明治学院大学　教授）	4章
大石　幸二（上掲）	5章、6章
滝川　国芳（上掲）	8章、9章事例6の1
若井広太郎（筑波大学附属大塚特別支援学校　教諭）	9章事例1
米沢谷　将（さいたま市立さくら草特別支援学校　教諭）	9章事例2
遠藤　愛（星美学園短期大学　准教授）	9章事例3
太田　研（星美学園短期大学　専任講師）	9章事例4
脇　貴典（東京都教育委員会　スクールカウンセラー）	9章事例5
福島　慎吾（認定NPO法人難病のこども支援全国ネットワーク　専務理事）	9章事例6の2
栃真賀　透（市立札幌大通高等学校　教諭）	9章事例7
鵜澤　京子（千葉県立土気高等学校　主幹教諭）	9章事例8
森山　貴史（青森県立八戸第一養護学校　教諭）	9章事例9
早貸千代子（筑波大学附属駒場中学校・高等学校　養護教諭）	9章事例10
籠谷　恵（東海大学　講師）	9章事例11
広瀬　宏之（横須賀市療育相談センター　所長）	9章事例12
西原　数馬（千葉県立市川特別支援学校　教諭）	9章事例13
大塚　晃（上智大学　教授）	9章事例14

> シリーズ編集代表

柘植雅義（つげ・まさよし）
筑波大学 教授（人間系 知的・発達・行動障害学分野）

筑波大学より博士（教育学）。専門は、特別支援教育学。国立特殊教育総合研究所研究室長（軽度知的障害教育）、カリフォルニア大学ロサンゼルス校（UCLA）客員研究員、文部科学省特別支援教育調査官（発達障害担当）、兵庫教育大学教授、国立特別支援教育総合研究所上席総括研究員／教育情報部長／発達障害教育情報センター長を経て、現職。内閣府の障害者政策委員会委員、中教審の教育振興基本計画部会委員等を歴任。

> 共生社会の時代の特別支援教育　第3巻

連携とコンサルテーション
多様な子供を多様な人材で支援する

2017年12月25日　第1刷発行

　　編集代表　　柘植雅義

　　編　著　　大石幸二、鎌塚優子、滝川国芳

　　発　行　　株式会社ぎょうせい
　　　　　　　〒136-8575　東京都江東区新木場1-18-11
　　　　　　　　　　電　話　編集　03-6892-6508
　　　　　　　　　　　　　　営業　03-6892-6666
　　　　　　　　　　フリーコール　0120-953-431
　　　　　　　　　　URL：https://gyosei.jp

〈検印省略〉

印刷　ぎょうせいデジタル株式会社
乱丁・落丁本は、送料小社負担にてお取り替えいたします。
©2017 Printed in Japan　禁無断転載・複製
ISBN978-4-324-10409-5（3100538-01-003）［略号：共生特別支援3］

平成29年改訂
小学校教育課程実践講座
全14巻

- ☑ 豊富な先行授業事例・指導案
- ☑ Q&Aで知りたい疑問を即解決！
- ☑ 信頼と充実の執筆陣

⇒学校現場の ❓ に即アプローチ！
明日からの授業づくりに直結!!

A5判・本文2色刷り・各巻220～240頁程度
セット定価(本体 **25,200**円+税) 各巻定価(本体 **1,800**円+税)
セット送料サービス　　　　　　　　　　　　　各巻送料300円

巻構成　編者一覧

- ●総則　天笠　茂（千葉大学特任教授）
- ●国語　樺山敏郎（大妻女子大学准教授）
- ●社会　北　俊夫（国士舘大学教授）
- ●算数　齊藤一弥（高知県教育委員会学力向上総括専門官）
- ●理科　日置光久（東京大学特任教授）
　　　　田村正弘（東京都足立区立千寿小学校校長）
　　　　川上真哉（東京大学特任研究員）
- ●生活　朝倉　淳（広島大学教授）
- ●音楽　宮下俊也（奈良教育大学教授・副学長・理事）

- ●図画工作　奥村高明（聖徳大学教授）
- ●家庭　岡　陽子（佐賀大学大学院教授）
　　　　鈴木明子（広島大学大学院教授）
- ●体育　岡出美則（日本体育大学教授）
- ●外国語活動・外国語　菅　正隆（大阪樟蔭女子大学教授）
- ●特別の教科 道徳　押谷由夫（武庫川女子大学教授）
- ●総合的な学習の時間　田村　学（國學院大學教授）
- ●特別活動　有村久春（東京聖栄大学教授）

株式会社ぎょうせい
フリーコール TEL:0120-953-431 [平日9～17時] FAX:0120-953-495
〒136-8575 東京都江東区新木場1-18-11
https://shop.gyosei.jp　ぎょうせいオンライン 検索

平成29年改訂
中学校教育課程実践講座
全13巻

☑ 豊富な先行授業事例・指導案
☑ Q&Aで知りたい疑問を即解決！
☑ 信頼と充実の執筆陣

⇒学校現場の ❓ に即アプローチ！
明日からの授業づくりに直結!!

A5判・本文2色刷り・各巻220〜240頁程度
セット定価(本体**23,400**円+税) 各巻定価(本体**1,800**円+税)
セット送料サービス　　　　　　　　　　各巻送料300円

巻構成　編者一覧

- **総 則**　天笠　茂（千葉大学特任教授）
- **国 語**　髙木展郎（横浜国立大学名誉教授）
- **社 会**　工藤文三（大阪体育大学教授）
- **数 学**　永田潤一郎（文教大学准教授）
- **理 科**　小林辰至（上越教育大学大学院教授）
- **音 楽**　宮下俊也（奈良教育大学教授・副学長・理事）
- **美 術**　永関和雄（武蔵野美術大学非常勤講師）
　　　　　　安藤聖子（明星大学非常勤講師）
- **保健体育**　今関豊一（日本体育大学大学院教授）
- **技術・家庭**
　〈技術分野〉古川　稔（福岡教育大学特命教授）
　〈家庭分野〉杉山久仁子（横浜国立大学教授）
- **外 国 語**　菅　正隆（大阪樟蔭女子大学教授）
- **特別の教科 道徳**　押谷由夫（武庫川女子大学教授）
- **総合的な学習の時間**　田村　学（國學院大學教授）
- **特別活動**　城戸　茂（愛媛大学教授）
　　　　　　　島田光美（日本体育大学非常勤講師）
　　　　　　　美谷島正義（東京女子体育大学教授）
　　　　　　　三好仁司（日本体育大学教授）

株式会社 **ぎょうせい**
フリーコール TEL：0120-953-431 [平日9〜17時] FAX：0120-953-495
〒136-8575 東京都江東区新木場1-18-11
https://shop.gyosei.jp　ぎょうせいオンライン [検索]

「特別支援教育」の考え方・進め方が **事例でわかるシリーズ!**

共生社会の時代の特別支援教育 全3巻

編集代表 **柘植雅義**（筑波大学教授）

A5判・セット定価（本体7,500円＋税）送料サービス
各巻定価（本体2,500円＋税）送料300円 ［電子版］各巻定価（本体2,500円＋税）
※送料は平成29年11月現時点の料金です。　※電子版はぎょうせいオンライン（https://shop.gyosei.jp）からご注文ください。

「特別支援教育」の今を知り、目の前の子供たちに向き合っていく。
その確かな手がかりがここに。

巻構成

第1巻 新しい特別支援教育 インクルーシブ教育の今とこれから

特別支援教育の現状と課題をコンパクトにまとめ、学校種ごとの実践のポイントについて事例を通して紹介いたします。

編集代表 **柘植雅義**（筑波大学教授）　編著　**石橋由紀子**（兵庫教育大学大学院准教授）
　　　　　　　　　　　　　　　　　　　　　　　伊藤由美（国立特別支援教育総合研究所主任研究員）
　　　　　　　　　　　　　　　　　　　　　　　吉利宗久（岡山大学大学院准教授）

第2巻 学びを保障する指導と支援 すべての子供に配慮した学習指導

障害のある子供への指導・支援、すべての子供が共に学び合う環境づくり、授業における合理的配慮の実際など、日々の実践に直結した事例が満載です。

編集代表 **柘植雅義**（筑波大学教授）　編著　**熊谷恵子**（筑波大学教授）
　　　　　　　　　　　　　　　　　　　　　　　日野久美子（佐賀大学大学院教授）
　　　　　　　　　　　　　　　　　　　　　　　藤本裕人（帝京平成大学教授）

第3巻 連携とコンサルテーション 多様な子供を多様な人材で支援する

学校内外の人材をどう生かし子供の学びと育ちを支えていくか。生徒指導や教育相談の在り方は、保護者の関わりは、様々な連携策を事例で示します。

編集代表 **柘植雅義**（筑波大学教授）　編著　**大石幸二**（立教大学教授）
　　　　　　　　　　　　　　　　　　　　　　　鎌塚優子（静岡大学教授）
　　　　　　　　　　　　　　　　　　　　　　　滝川国芳（東洋大学教授）

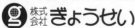

株式会社 **ぎょうせい**　フリーコール **TEL：0120-953-431** [平日9〜17時] **FAX：0120-953-495**
〒136-8575 東京都江東区新木場1-18-11　**https://shop.gyosei.jp**　ぎょうせいオンライン 検索